Suivi des Mandats de Vente

*Les Outils du Mandataire
en immobilier*

Pour la gestion

de vos **mandats**,
de vos **exclusivités**,
de la **liste chaude**,
des **commerçants**,
des **clients**,
des **biens vendus**,
de vos **recrutements**,
de vos **équipes**…

Retrouvez d'autres outils sur www.mlm-heros.com.

Des outils conçus
par des mandataires immobiliers
pour les mandataires immobiliers !

Cet outil est offert par :

Faites-nous parvenir vos remarques par mail à :
fabien.msica@mlm-heros.com

Tous droits de reproduction et d'adaptation réservés pour tous pays.

Nom du Vendeur : _____   **Mandat n°** _____

Mandat simple ☐   semi-exclusif ☐   exclusif ☐

Bien en vente depuis _____

Estimations

1ère estimation du _____   Montant : _____
2ème estimation du _____   Montant : _____

Estimations faites par les concurrents

Agence _____   Montant : _____
Agence _____   Montant : _____
Agence _____   Montant : _____
Notaire _____   Montant : _____

Montant que le Vendeur est prêt à accepter

Date _____   Montant : _____
Date _____   Montant : _____

La Promotion

Mandat saisi le _____   Montant : _____
En publicité le _____
Remonté sur le site _____ le _____
Remonté sur le site _____ le _____
Remonté sur le site _____ le _____
Remonté sur le site _____ le _____
Remonté sur le site _____ le _____
Panneaux posés le _____   Retirés le _____
Présenté aux collègues le _____
Visite du bien en équipe le _____
Portes ouvertes le _____
Photos changées le _____ , le _____
le _____ , le _____

Flyers distribués le _____ secteur _____
Flyers distribués le _____ secteur _____
Porte à porte fait le _____ secteur _____
Porte à porte fait le _____ secteur _____
Affiche distribuée chez les commerçants : _____

AUTRES ACTIONS DE PROMOTION

LES AVENANTS

Mandat initial au prix de _____
Accord pour baisse de prix à _____
    à compter du _____
    Avenant le _____ Montant _____
Accord pour baisse de prix à _____
    à compter du _____
    Avenant le _____ Montant _____

COMPTES-RENDUS FAITS AU VENDEUR

Date _____ Période prise en compte _____
Nb de vues sur les sites de promotion : _____
Mails reçus _____ Appels reçus _____ SMS reçus _____
Visites faites _____ Nb de propotions d'achat _____
Montant des propositions : _____ _____

Suite aux visites, points essentiels

Points forts _____
Points faibles _____
Propositions d'amélioration en vue de la vente :

Mandat n° _____

Date _____ Période prise en compte _____
Nb de vues sur les sites de promotion : _____
Mails reçus _____ Appels reçus _____ SMS reçus _____
Visites faites _____ Nb de propotions d'achat _____
Montant des propositions : _____ _____

Suite aux visites, points essentiels

Points forts _____
Points faibles _____
Propositions d'amélioration en vue de la vente :
_____
_____

Date _____ Période prise en compte _____
Nb de vues sur les sites de promotion : _____
Mails reçus _____ Appels reçus _____ SMS reçus _____
Visites faites _____ Nb de propotions d'achat _____
Montant des propositions : _____ _____

Suite aux visites, points essentiels

Points forts _____
Points faibles _____
Propositions d'amélioration en vue de la vente :
_____
_____

Date _____ Période prise en compte _____
Nb de vues sur les sites de promotion : _____
Mails reçus _____ Appels reçus _____ SMS reçus _____
Visites faites _____ Nb de propotions d'achat _____
Montant des propositions : _____ _____

Suite aux visites, points essentiels

Points forts _____
Points faibles _____
Propositions d'amélioration en vue de la vente :
_____
_____

Aide aux visites

Bien destiné à : _____

Donner le rendez-vous en vue de la visite à côté de :
pour une famille :
- ☐ école maternelle à ___ m
- ☐ école primaire à ___ m
- ☐ collège à ___ m
- ☐ lycée à ___ m
- ☐ université à ___ m
- ☐ terrain de sport (stade, terrain de foot, rugby, tennis, piscine, autre : _____) à ___ m
- ☐ plage à ___ m
- ☐ parc à ___ m
- ☐ sentier de randonnée à ___ m
- ☐ autre : _____

pour un étudiant :
- université à ___ m

pour tous :
- **Moyens de transport**
  - arrêt de bus / tram / métro à ___ m
  - gare à ___ m
  - autre : _____
- **Commerces**
  - boulangerie à ___ m   épicerie à ___ m
  - boucherie à ___ m   coiffeur ___ m
  - banque à ___ m (banque : _____)
  - grande surface à ___ m
  - autre : _____
  - _____

Travaux à envisager : _____
  Devis reçus : _____

Nom du Vendeur : _____   **Mandat n°** _____

Mandat simple ☐   semi-exclusif ☐   exclusif ☐

Bien en vente depuis _____

ESTIMATIONS

1ère estimation du _____ Montant : _____
2ème estimation du _____ Montant : _____

ESTIMATIONS FAITES PAR LES CONCURRENTS

Agence _____ Montant : _____
Agence _____ Montant : _____
Agence _____ Montant : _____
Notaire _____ Montant : _____

MONTANT QUE LE VENDEUR EST PRÊT À ACCEPTER

Date _____ Montant : _____
Date _____ Montant : _____

LA PROMOTION

Mandat saisi le _____ Montant : _____
En publicité le _____
Remonté sur le site _____ le _____
Remonté sur le site _____ le _____
Remonté sur le site _____ le _____
Remonté sur le site _____ le _____
Remonté sur le site _____ le _____
Panneaux posés le _____ Retirés le _____
Présenté aux collègues le _____
Visite du bien en équipe le _____
Portes ouvertes le _____
Photos changées le _____, le _____
le _____, le _____

Flyers distribués le _____ secteur _____
Flyers distribués le _____ secteur _____
Porte à porte fait le _____ secteur _____
Porte à porte fait le _____ secteur _____
Affiche distribuée chez les commerçants : _____

Autres actions de promotion

_____

Les avenants

Mandat initial au prix de _____
Accord pour baisse de prix à _____
    à compter du _____
        Avenant le _____ Montant _____
Accord pour baisse de prix à _____
    à compter du _____
        Avenant le _____ Montant _____

Comptes-rendus faits au Vendeur

Date _____ Période prise en compte _____
Nb de vues sur les sites de promotion : _____
Mails reçus _____ Appels reçus _____ SMS reçus _____
Visites faites _____ Nb de propotions d'achat _____
Montant des propositions : _____ _____

Suite aux visites, points essentiels

Points forts _____
Points faibles _____
Propositions d'amélioration en vue de la vente :
_____
_____

Mandat n° _____

Date _____ Période prise en compte _____
Nb de vues sur les sites de promotion : _____
Mails reçus _____ Appels reçus _____ SMS reçus _____
Visites faites _____ Nb de propotions d'achat _____
Montant des propositions : _____ _____

Suite aux visites, points essentiels

Points forts _____
Points faibles _____
Propositions d'amélioration en vue de la vente :
_____
_____

Date _____ Période prise en compte _____
Nb de vues sur les sites de promotion : _____
Mails reçus _____ Appels reçus _____ SMS reçus _____
Visites faites _____ Nb de propotions d'achat _____
Montant des propositions : _____ _____

Suite aux visites, points essentiels

Points forts _____
Points faibles _____
Propositions d'amélioration en vue de la vente :
_____
_____

Date _____ Période prise en compte _____
Nb de vues sur les sites de promotion : _____
Mails reçus _____ Appels reçus _____ SMS reçus _____
Visites faites _____ Nb de propotions d'achat _____
Montant des propositions : _____ _____

Suite aux visites, points essentiels

Points forts _____
Points faibles _____
Propositions d'amélioration en vue de la vente :
_____
_____

Aide aux visites

Bien destiné à : _____

Donner le rendez-vous en vue de la visite à côté de :
pour une famille :
- ☐ école maternelle à ___ m
- ☐ école primaire à ___ m
- ☐ collège à ___ m
- ☐ lycée à ___ m
- ☐ université à ___ m
- ☐ terrain de sport (stade, terrain de foot, rugby, tennis, piscine, autre : _____) à ___ m
- ☐ plage à ___ m
- ☐ parc à ___ m
- ☐ sentier de randonnée à ___ m
- ☐ autre : _____

pour un étudiant :
- université à ___ m

pour tous :
- **Moyens de transport**
  - arrêt de bus / tram / métro à ___ m
  - gare à ___ m
  - autre : _____

- **Commerces**
  - boulangerie à ___ m   épicerie à ___ m
  - boucherie à ___ m   coiffeur ___ m
  - banque à ___ m (banque : _____)
  - grande surface à ___ m
  - autre : _____
  _____

Travaux à envisager : _____
- Devis reçus : _____

Nom du Vendeur : _____ **Mandat n°** _____

Mandat simple ☐   semi-exclusif ☐   exclusif ☐

Bien en vente depuis _____

Estimations

1ère estimation du _____ Montant : _____
2ème estimation du _____ Montant : _____

Estimations faites par les concurrents

Agence _____ Montant : _____
Agence _____ Montant : _____
Agence _____ Montant : _____
Notaire _____ Montant : _____

Montant que le Vendeur est prêt à accepter

Date _____ Montant : _____
Date _____ Montant : _____

La Promotion

Mandat saisi le _____ Montant : _____
En publicité le _____
Remonté sur le site _____ le _____
Remonté sur le site _____ le _____
Remonté sur le site _____ le _____
Remonté sur le site _____ le _____
Remonté sur le site _____ le _____
Panneaux posés le _____ Retirés le _____
Présenté aux collègues le _____
Visite du bien en équipe le _____
Portes ouvertes le _____
Photos changées le _____ , le _____
le _____ , le _____

Flyers distribués le _____ secteur _____
Flyers distribués le _____ secteur _____
Porte à porte fait le _____ secteur _____
Porte à porte fait le _____ secteur _____
Affiche distribuée chez les commerçants : _____

AUTRES ACTIONS DE PROMOTION

LES AVENANTS

Mandat initial au prix de _____
Accord pour baisse de prix à _____
    à compter du _____
    Avenant le _____ Montant _____
Accord pour baisse de prix à _____
    à compter du _____
    Avenant le _____ Montant _____

COMPTES-RENDUS FAITS AU VENDEUR

Date _____ Période prise en compte _____
Nb de vues sur les sites de promotion : _____
Mails reçus _____ Appels reçus _____ SMS reçus _____
Visites faites _____ Nb de propotions d'achat _____
Montant des propositions : _____ _____

Suite aux visites, points essentiels

Points forts _____
Points faibles _____
Propositions d'amélioration en vue de la vente :
_____

Mandat n° _____

Date _____ Période prise en compte _____
Nb de vues sur les sites de promotion : _____
Mails reçus _____ Appels reçus _____ SMS reçus _____
Visites faites _____ Nb de propotions d'achat _____
Montant des propositions : _____ _____

Suite aux visites, points essentiels
Points forts _____
Points faibles _____
Propositions d'amélioration en vue de la vente :
_____
_____

Date _____ Période prise en compte _____
Nb de vues sur les sites de promotion : _____
Mails reçus _____ Appels reçus _____ SMS reçus _____
Visites faites _____ Nb de propotions d'achat _____
Montant des propositions : _____ _____

Suite aux visites, points essentiels
Points forts _____
Points faibles _____
Propositions d'amélioration en vue de la vente :
_____
_____

Date _____ Période prise en compte _____
Nb de vues sur les sites de promotion : _____
Mails reçus _____ Appels reçus _____ SMS reçus _____
Visites faites _____ Nb de propotions d'achat _____
Montant des propositions : _____ _____

Suite aux visites, points essentiels
Points forts _____
Points faibles _____
Propositions d'amélioration en vue de la vente :
_____
_____

Aide aux visites

Bien destiné à : _____

Donner le rendez-vous en vue de la visite à côté de :
pour une famille :
- ☐ école maternelle à ____ m
- ☐ école primaire à ____ m
- ☐ collège à ____ m
- ☐ lycée à ____ m
- ☐ université à ____ m
- ☐ terrain de sport (stade, terrain de foot, rugby, tennis, piscine, autre : _____) à ____ m
- ☐ plage à ____ m
- ☐ parc à ____ m
- ☐ sentier de randonnée à ____ m
- ☐ autre : _____

pour un étudiant :
- université à ____ m

pour tous :

Moyens de transport
- arrêt de bus / tram / métro à ____ m
- gare à ____ m
- autre : _____

Commerces
- boulangerie à ____ m   épicerie à ____ m
- boucherie à ____ m   coiffeur ____ m
- banque à ____ m (banque : _____)
- grande surface à ____ m
- autre : _____
- _____

Travaux à envisager : _____
Devis reçus : _____

Nom du Vendeur : _____ **Mandat n°** _____

Mandat simple ☐   semi-exclusif ☐   exclusif ☐

Bien en vente depuis _____

ESTIMATIONS

1ère estimation du _____ Montant : _____
2ème estimation du _____ Montant : _____

ESTIMATIONS FAITES PAR LES CONCURRENTS

Agence _____ Montant : _____
Agence _____ Montant : _____
Agence _____ Montant : _____
Notaire _____ Montant : _____

MONTANT QUE LE VENDEUR EST PRÊT À ACCEPTER

Date _____ Montant : _____
Date _____ Montant : _____

LA PROMOTION

Mandat saisi le _____ Montant : _____
En publicité le _____
Remonté sur le site _____ le _____
Remonté sur le site _____ le _____
Remonté sur le site _____ le _____
Remonté sur le site _____ le _____
Remonté sur le site _____ le _____
Panneaux posés le _____ Retirés le _____
Présenté aux collègues le _____
Visite du bien en équipe le _____
Portes ouvertes le _____
Photos changées le _____ , le _____
le _____ , le _____

Flyers distribués le _____ secteur _____
Flyers distribués le _____ secteur _____
Porte à porte fait le _____ secteur _____
Porte à porte fait le _____ secteur _____
Affiche distribuée chez les commerçants : _____

AUTRES ACTIONS DE PROMOTION

LES AVENANTS

Mandat initial au prix de _____
Accord pour baisse de prix à _____
    à compter du _____
    Avenant le _____ Montant _____
Accord pour baisse de prix à _____
    à compter du _____
    Avenant le _____ Montant _____

COMPTES-RENDUS FAITS AU VENDEUR

Date _____ Période prise en compte _____
Nb de vues sur les sites de promotion : _____
Mails reçus _____ Appels reçus _____ SMS reçus _____
Visites faites _____ Nb de propotions d'achat _____
Montant des propositions : _____ _____

Suite aux visites, points essentiels

Points forts _____
Points faibles _____
Propositions d'amélioration en vue de la vente :

Mandat n° _____

Date _____ Période prise en compte _____
Nb de vues sur les sites de promotion : _____
Mails reçus _____ Appels reçus _____ SMS reçus _____
Visites faites _____ Nb de propotions d'achat _____
Montant des propositions : _____ _____

Suite aux visites, points essentiels
Points forts _____
Points faibles _____
Propositions d'amélioration en vue de la vente :
_____
_____

Date _____ Période prise en compte _____
Nb de vues sur les sites de promotion : _____
Mails reçus _____ Appels reçus _____ SMS reçus _____
Visites faites _____ Nb de propotions d'achat _____
Montant des propositions : _____ _____

Suite aux visites, points essentiels
Points forts _____
Points faibles _____
Propositions d'amélioration en vue de la vente :
_____
_____

Date _____ Période prise en compte _____
Nb de vues sur les sites de promotion : _____
Mails reçus _____ Appels reçus _____ SMS reçus _____
Visites faites _____ Nb de propotions d'achat _____
Montant des propositions : _____ _____

Suite aux visites, points essentiels
Points forts _____
Points faibles _____
Propositions d'amélioration en vue de la vente :
_____
_____

Aide aux visites

Bien destiné à : _____

Donner le rendez-vous en vue de la visite à côté de :
pour une famille :
- ☐ école maternelle à ____ m
- ☐ école primaire à ____ m
- ☐ collège à ____ m
- ☐ lycée à ____ m
- ☐ université à ____ m
- ☐ terrain de sport (stade, terrain de foot, rugby, tennis, piscine, autre : _____) à ____ m
- ☐ plage à ____ m
- ☐ parc à ____ m
- ☐ sentier de randonnée à ____ m
- ☐ autre : _____

pour un étudiant :
    université à ____ m

pour tous :
Moyens de transport
arrêt de bus / tram / métro à ____ m
gare à ____ m
autre : _____

Commerces
boulangerie à ____ m   épicerie à ____ m
boucherie à ____ m   coiffeur ____ m
banque à ____ m (banque : _____)
grande surface à ____ m
autre : _____

Travaux à envisager : _____
    Devis reçus : _____

Nom du Vendeur : _____ **Mandat n°** _____

Mandat simple ☐   semi-exclusif ☐   exclusif ☐

Bien en vente depuis _____

Estimations

1ère estimation du _____ Montant : _____
2ème estimation du _____ Montant : _____

Estimations faites par les concurrents

Agence _____ Montant : _____
Agence _____ Montant : _____
Agence _____ Montant : _____
Notaire _____ Montant : _____

Montant que le Vendeur est prêt à accepter

Date _____ Montant : _____
Date _____ Montant : _____

La Promotion

Mandat saisi le _____ Montant : _____
En publicité le _____
Remonté sur le site _____ le _____
Remonté sur le site _____ le _____
Remonté sur le site _____ le _____
Remonté sur le site _____ le _____
Remonté sur le site _____ le _____
Panneaux posés le _____ Retirés le _____
Présenté aux collègues le _____
Visite du bien en équipe le _____
Portes ouvertes le _____
Photos changées le _____ , le _____
le _____ , le _____

Flyers distribués le _____ secteur _____
Flyers distribués le _____ secteur _____
Porte à porte fait le _____ secteur _____
Porte à porte fait le _____ secteur _____
Affiche distribuée chez les commerçants : _____

AUTRES ACTIONS DE PROMOTION

LES AVENANTS

Mandat initial au prix de _____
Accord pour baisse de prix à _____
    à compter du _____
    Avenant le _____ Montant _____
Accord pour baisse de prix à _____
    à compter du _____
    Avenant le _____ Montant _____

COMPTES-RENDUS FAITS AU VENDEUR

Date _____ Période prise en compte _____
Nb de vues sur les sites de promotion : _____
Mails reçus _____ Appels reçus _____ SMS reçus _____
Visites faites _____ Nb de propotions d'achat _____
Montant des propositions : _____

Suite aux visites, points essentiels

Points forts _____
Points faibles _____
Propositions d'amélioration en vue de la vente :

Mandat n° _____

Date _____ Période prise en compte _____
Nb de vues sur les sites de promotion : _____
Mails reçus _____ Appels reçus _____ SMS reçus _____
Visites faites _____ Nb de propotions d'achat _____
Montant des propositions : _____ _____

Suite aux visites, points essentiels

Points forts _____
Points faibles _____
Propositions d'amélioration en vue de la vente :
_____
_____

Date _____ Période prise en compte _____
Nb de vues sur les sites de promotion : _____
Mails reçus _____ Appels reçus _____ SMS reçus _____
Visites faites _____ Nb de propotions d'achat _____
Montant des propositions : _____ _____

Suite aux visites, points essentiels

Points forts _____
Points faibles _____
Propositions d'amélioration en vue de la vente :
_____
_____

Date _____ Période prise en compte _____
Nb de vues sur les sites de promotion : _____
Mails reçus _____ Appels reçus _____ SMS reçus _____
Visites faites _____ Nb de propotions d'achat _____
Montant des propositions : _____ _____

Suite aux visites, points essentiels

Points forts _____
Points faibles _____
Propositions d'amélioration en vue de la vente :
_____
_____

Aide aux visites

Bien destiné à : _____

Donner le rendez-vous en vue de la visite à côté de :
pour une famille :
- ☐ école maternelle à ___ m
- ☐ école primaire à ___ m
- ☐ collège à ___ m
- ☐ lycée à ___ m
- ☐ université à ___ m
- ☐ terrain de sport (stade, terrain de foot, rugby, tennis, piscine, autre : ___) à ___ m
- ☐ plage à ___ m
- ☐ parc à ___ m
- ☐ sentier de randonnée à ___ m
- ☐ autre : _____

pour un étudiant :
- université à ___ m

pour tous :
- **Moyens de transport**
  - arrêt de bus / tram / métro à ___ m
  - gare à ___ m
  - autre : _____
- **Commerces**
  - boulangerie à ___ m   épicerie à ___ m
  - boucherie à ___ m   coiffeur ___ m
  - banque à ___ m (banque : _____)
  - grande surface à ___ m
  - autre : _____
  - _____

Travaux à envisager : _____
  - Devis reçus : _____

Nom du Vendeur : _____   **Mandat n°** _____

Mandat simple ☐   semi-exclusif ☐   exclusif ☐

Bien en vente depuis _____

Estimations

1ère estimation du _____   Montant : _____
2ème estimation du _____   Montant : _____

Estimations faites par les concurrents

Agence _____   Montant : _____
Agence _____   Montant : _____
Agence _____   Montant : _____
Notaire _____   Montant : _____

Montant que le Vendeur est prêt à accepter

Date _____   Montant : _____
Date _____   Montant : _____

La Promotion

Mandat saisi le _____   Montant : _____
En publicité le _____
Remonté sur le site _____   le _____
Remonté sur le site _____   le _____
Remonté sur le site _____   le _____
Remonté sur le site _____   le _____
Remonté sur le site _____   le _____
Panneaux posés le _____   Retirés le _____
Présenté aux collègues le _____
Visite du bien en équipe le _____
Portes ouvertes le _____
Photos changées le _____ , le _____
le _____ , le _____

Flyers distribués le _____ secteur _____
Flyers distribués le _____ secteur _____
Porte à porte fait le _____ secteur _____
Porte à porte fait le _____ secteur _____
Affiche distribuée chez les commerçants : _____

AUTRES ACTIONS DE PROMOTION

_____

LES AVENANTS

Mandat initial au prix de _____
Accord pour baisse de prix à _____
    à compter du _____
    Avenant le _____ Montant _____
Accord pour baisse de prix à _____
    à compter du _____
    Avenant le _____ Montant _____

COMPTES-RENDUS FAITS AU VENDEUR

Date _____ Période prise en compte _____
Nb de vues sur les sites de promotion : _____
Mails reçus _____ Appels reçus _____ SMS reçus _____
Visites faites _____ Nb de propotions d'achat _____
Montant des propositions : _____ _____

Suite aux visites, points essentiels

Points forts _____
Points faibles _____
Propositions d'amélioration en vue de la vente :
_____
_____

Mandat n° _____

Date _____ Période prise en compte _____
Nb de vues sur les sites de promotion : _____
Mails reçus _____ Appels reçus _____ SMS reçus _____
Visites faites _____ Nb de propotions d'achat _____
Montant des propositions : _____ _____

Suite aux visites, points essentiels

Points forts _____
Points faibles _____
Propositions d'amélioration en vue de la vente :
_____
_____

Date _____ Période prise en compte _____
Nb de vues sur les sites de promotion : _____
Mails reçus _____ Appels reçus _____ SMS reçus _____
Visites faites _____ Nb de propotions d'achat _____
Montant des propositions : _____ _____

Suite aux visites, points essentiels

Points forts _____
Points faibles _____
Propositions d'amélioration en vue de la vente :
_____
_____

Date _____ Période prise en compte _____
Nb de vues sur les sites de promotion : _____
Mails reçus _____ Appels reçus _____ SMS reçus _____
Visites faites _____ Nb de propotions d'achat _____
Montant des propositions : _____ _____

Suite aux visites, points essentiels

Points forts _____
Points faibles _____
Propositions d'amélioration en vue de la vente :
_____
_____

Aide aux visites

Bien destiné à : _____

Donner le rendez-vous en vue de la visite à côté de :
pour une famille :
- ☐ école maternelle à ___ m
- ☐ école primaire à ___ m
- ☐ collège à ___ m
- ☐ lycée à ___ m
- ☐ université à ___ m
- ☐ terrain de sport (stade, terrain de foot, rugby, tennis, piscine, autre : _____) à ___ m
- ☐ plage à ___ m
- ☐ parc à ___ m
- ☐ sentier de randonnée à ___ m
- ☐ autre : _____

pour un étudiant :
- université à ___ m

pour tous :

Moyens de transport
- arrêt de bus / tram / métro à ___ m
- gare à ___ m
- autre : _____

Commerces
- boulangerie à ___ m   épicerie à ___ m
- boucherie à ___ m   coiffeur ___ m
- banque à ___ m (banque : _____)
- grande surface à ___ m
- autre : _____

_____

Travaux à envisager : _____
    Devis reçus : _____

Nom du Vendeur : _____ **Mandat n°** _____

Mandat simple ☐   semi-exclusif ☐   exclusif ☐

Bien en vente depuis _____

ESTIMATIONS

1ère estimation du _____ Montant : _____
2ème estimation du _____ Montant : _____

ESTIMATIONS FAITES PAR LES CONCURRENTS

Agence _____ Montant : _____
Agence _____ Montant : _____
Agence _____ Montant : _____
Notaire _____ Montant : _____

MONTANT QUE LE VENDEUR EST PRÊT À ACCEPTER

Date _____ Montant : _____
Date _____ Montant : _____

LA PROMOTION

Mandat saisi le _____ Montant : _____
En publicité le _____
Remonté sur le site _____ le _____
Remonté sur le site _____ le _____
Remonté sur le site _____ le _____
Remonté sur le site _____ le _____
Remonté sur le site _____ le _____
Panneaux posés le _____ Retirés le _____
Présenté aux collègues le _____
Visite du bien en équipe le _____
Portes ouvertes le _____
Photos changées le _____ , le _____
le _____ , le _____

Flyers distribués le _____ secteur _____
Flyers distribués le _____ secteur _____
Porte à porte fait le _____ secteur _____
Porte à porte fait le _____ secteur _____
Affiche distribuée chez les commerçants : _____

Autres actions de promotion

Les avenants

Mandat initial au prix de _____
Accord pour baisse de prix à _____
    à compter du _____
    Avenant le _____ Montant _____
Accord pour baisse de prix à _____
    à compter du _____
    Avenant le _____ Montant _____

Comptes-rendus faits au Vendeur

Date _____ Période prise en compte _____
Nb de vues sur les sites de promotion : _____
Mails reçus _____ Appels reçus _____ SMS reçus _____
Visites faites _____ Nb de propotions d'achat _____
Montant des propositions : _____

Suite aux visites, points essentiels

Points forts _____
Points faibles _____
Propositions d'amélioration en vue de la vente :

Mandat n° _____

Date _____ Période prise en compte _____
Nb de vues sur les sites de promotion : _____
Mails reçus _____ Appels reçus _____ SMS reçus _____
Visites faites _____ Nb de propotions d'achat _____
Montant des propositions : _____ _____

Suite aux visites, points essentiels

Points forts _____
Points faibles _____
Propositions d'amélioration en vue de la vente :
_____
_____

Date _____ Période prise en compte _____
Nb de vues sur les sites de promotion : _____
Mails reçus _____ Appels reçus _____ SMS reçus _____
Visites faites _____ Nb de propotions d'achat _____
Montant des propositions : _____ _____

Suite aux visites, points essentiels

Points forts _____
Points faibles _____
Propositions d'amélioration en vue de la vente :
_____
_____

Date _____ Période prise en compte _____
Nb de vues sur les sites de promotion : _____
Mails reçus _____ Appels reçus _____ SMS reçus _____
Visites faites _____ Nb de propotions d'achat _____
Montant des propositions : _____ _____

Suite aux visites, points essentiels

Points forts _____
Points faibles _____
Propositions d'amélioration en vue de la vente :
_____
_____

Aide aux visites

Bien destiné à : _____

Donner le rendez-vous en vue de la visite à côté de :
pour une famille :
- ☐ école maternelle à ___ m
- ☐ école primaire à ___ m
- ☐ collège à ___ m
- ☐ lycée à ___ m
- ☐ université à ___ m
- ☐ terrain de sport (stade, terrain de foot, rugby, tennis, piscine, autre : ___) à ___ m
- ☐ plage à ___ m
- ☐ parc à ___ m
- ☐ sentier de randonnée à ___ m
- ☐ autre : _____

pour un étudiant :
    université à ___ m

pour tous :
Moyens de transport
arrêt de bus / tram / métro à ___ m
gare à ___ m
autre : _____

Commerces
boulangerie à ___ m   épicerie à ___ m
boucherie à ___ m   coiffeur ___ m
banque à ___ m (banque : _____)
grande surface à ___ m
autre : _____

_____

Travaux à envisager : _____
    Devis reçus : _____

Nom du Vendeur : _____   **Mandat n°** _____

Mandat simple ☐   semi-exclusif ☐   exclusif ☐

Bien en vente depuis _____

Estimations

1ère estimation du _____ Montant : _____
2ème estimation du _____ Montant : _____

Estimations faites par les concurrents

Agence _____ Montant : _____
Agence _____ Montant : _____
Agence _____ Montant : _____
Notaire _____ Montant : _____

Montant que le Vendeur est prêt à accepter

Date _____ Montant : _____
Date _____ Montant : _____

La Promotion

Mandat saisi le _____ Montant : _____
En publicité le _____
Remonté sur le site _____ le _____
Remonté sur le site _____ le _____
Remonté sur le site _____ le _____
Remonté sur le site _____ le _____
Remonté sur le site _____ le _____
Panneaux posés le _____ Retirés le _____
Présenté aux collègues le _____
Visite du bien en équipe le _____
Portes ouvertes le _____
Photos changées le _____ , le _____
le _____ , le _____

Flyers distribués le _____ secteur _____
Flyers distribués le _____ secteur _____
Porte à porte fait le _____ secteur _____
Porte à porte fait le _____ secteur _____
Affiche distribuée chez les commerçants : _____

AUTRES ACTIONS DE PROMOTION

LES AVENANTS

Mandat initial au prix de _____
Accord pour baisse de prix à _____
    à compter du _____
    Avenant le _____ Montant _____
Accord pour baisse de prix à _____
    à compter du _____
    Avenant le _____ Montant _____

COMPTES-RENDUS FAITS AU VENDEUR

Date _____ Période prise en compte _____
Nb de vues sur les sites de promotion : _____
Mails reçus _____ Appels reçus _____ SMS reçus _____
Visites faites _____ Nb de propotions d'achat _____
Montant des propositions : _____ _____

Suite aux visites, points essentiels

Points forts _____
Points faibles _____
Propositions d'amélioration en vue de la vente :

Mandat n° _____

Date _____ Période prise en compte _____
Nb de vues sur les sites de promotion : _____
Mails reçus _____ Appels reçus _____ SMS reçus _____
Visites faites _____ Nb de propotions d'achat _____
Montant des propositions : _____ _____

Suite aux visites, points essentiels

Points forts _____
Points faibles _____
Propositions d'amélioration en vue de la vente :
_____
_____

Date _____ Période prise en compte _____
Nb de vues sur les sites de promotion : _____
Mails reçus _____ Appels reçus _____ SMS reçus _____
Visites faites _____ Nb de propotions d'achat _____
Montant des propositions : _____ _____

Suite aux visites, points essentiels

Points forts _____
Points faibles _____
Propositions d'amélioration en vue de la vente :
_____
_____

Date _____ Période prise en compte _____
Nb de vues sur les sites de promotion : _____
Mails reçus _____ Appels reçus _____ SMS reçus _____
Visites faites _____ Nb de propotions d'achat _____
Montant des propositions : _____ _____

Suite aux visites, points essentiels

Points forts _____
Points faibles _____
Propositions d'amélioration en vue de la vente :
_____
_____

Aide aux visites

Bien destiné à : _____

Donner le rendez-vous en vue de la visite à côté de :
pour une famille :
- ☐ école maternelle à ____ m
- ☐ école primaire à ____ m
- ☐ collège à ____ m
- ☐ lycée à ____ m
- ☐ université à ____ m
- ☐ terrain de sport (stade, terrain de foot, rugby, tennis, piscine, autre : _____) à ____ m
- ☐ plage à ____ m
- ☐ parc à ____ m
- ☐ sentier de randonnée à ____ m
- ☐ autre : _____

pour un étudiant :
- université à ____ m

pour tous :
- **Moyens de transport**
  - arrêt de bus / tram / métro à ____ m
  - gare à ____ m
  - autre : _____
- **Commerces**
  - boulangerie à ____ m   épicerie à ____ m
  - boucherie à ____ m   coiffeur ____ m
  - banque à ____ m (banque : _____)
  - grande surface à ____ m
  - autre : _____
  - _____

Travaux à envisager : _____
- Devis reçus : _____

Nom du Vendeur : _____   **Mandat n°** _____

Mandat simple ☐   semi-exclusif ☐   exclusif ☐

Bien en vente depuis _____

Estimations

1ère estimation du _____   Montant : _____
2ème estimation du _____   Montant : _____

Estimations faites par les concurrents

Agence _____   Montant : _____
Agence _____   Montant : _____
Agence _____   Montant : _____
Notaire _____   Montant : _____

Montant que le Vendeur est prêt à accepter

Date _____   Montant : _____
Date _____   Montant : _____

La Promotion

Mandat saisi le _____   Montant : _____
En publicité le _____
Remonté sur le site _____ le _____
Remonté sur le site _____ le _____
Remonté sur le site _____ le _____
Remonté sur le site _____ le _____
Remonté sur le site _____ le _____
Panneaux posés le _____ Retirés le _____
Présenté aux collègues le _____
Visite du bien en équipe le _____
Portes ouvertes le _____
Photos changées le _____ , le _____
le _____ , le _____

Flyers distribués le _____ secteur _____
Flyers distribués le _____ secteur _____
Porte à porte fait le _____ secteur _____
Porte à porte fait le _____ secteur _____
Affiche distribuée chez les commerçants : _____

AUTRES ACTIONS DE PROMOTION

LES AVENANTS

Mandat initial au prix de _____
Accord pour baisse de prix à _____
    à compter du _____
    Avenant le _____ Montant _____
Accord pour baisse de prix à _____
    à compter du _____
    Avenant le _____ Montant _____

COMPTES-RENDUS FAITS AU VENDEUR

Date _____ Période prise en compte _____
Nb de vues sur les sites de promotion : _____
Mails reçus _____ Appels reçus _____ SMS reçus _____
Visites faites _____ Nb de propotions d'achat _____
Montant des propositions : _____ _____

Suite aux visites, points essentiels

Points forts _____
Points faibles _____
Propositions d'amélioration en vue de la vente :

Mandat n° _____

Date _____ Période prise en compte _____
Nb de vues sur les sites de promotion : _____
Mails reçus _____ Appels reçus _____ SMS reçus _____
Visites faites _____ Nb de propotions d'achat _____
Montant des propositions : _____

Suite aux visites, points essentiels

Points forts _____
Points faibles _____
Propositions d'amélioration en vue de la vente :
_____
_____

Date _____ Période prise en compte _____
Nb de vues sur les sites de promotion : _____
Mails reçus _____ Appels reçus _____ SMS reçus _____
Visites faites _____ Nb de propotions d'achat _____
Montant des propositions : _____

Suite aux visites, points essentiels

Points forts _____
Points faibles _____
Propositions d'amélioration en vue de la vente :
_____
_____

Date _____ Période prise en compte _____
Nb de vues sur les sites de promotion : _____
Mails reçus _____ Appels reçus _____ SMS reçus _____
Visites faites _____ Nb de propotions d'achat _____
Montant des propositions : _____

Suite aux visites, points essentiels

Points forts _____
Points faibles _____
Propositions d'amélioration en vue de la vente :
_____
_____

Aide aux visites

Bien destiné à : _____

Donner le rendez-vous en vue de la visite à côté de :
pour une famille :
- ☐ école maternelle à ____ m
- ☐ école primaire à ____ m
- ☐ collège à ____ m
- ☐ lycée à ____ m
- ☐ université à ____ m
- ☐ terrain de sport (stade, terrain de foot, rugby, tennis, piscine, autre : _____) à ____ m
- ☐ plage à ____ m
- ☐ parc à ____ m
- ☐ sentier de randonnée à ____ m
- ☐ autre : _____

pour un étudiant :
- université à ____ m

pour tous :
- **Moyens de transport**
  - arrêt de bus / tram / métro à ____ m
  - gare à ____ m
  - autre : _____
- **Commerces**
  - boulangerie à ____ m   épicerie à ____ m
  - boucherie à ____ m   coiffeur ____ m
  - banque à ____ m (banque : _____)
  - grande surface à ____ m
  - autre : _____
  _____

Travaux à envisager : _____
  Devis reçus : _____

Nom du Vendeur : _____ **Mandat n°** _____

Mandat simple ☐   semi-exclusif ☐   exclusif ☐

Bien en vente depuis _____

Estimations

1ère estimation du _____ Montant : _____
2ème estimation du _____ Montant : _____

Estimations faites par les concurrents

Agence _____ Montant : _____
Agence _____ Montant : _____
Agence _____ Montant : _____
Notaire _____ Montant : _____

Montant que le Vendeur est prêt à accepter

Date _____ Montant : _____
Date _____ Montant : _____

La Promotion

Mandat saisi le _____ Montant : _____
En publicité le _____
Remonté sur le site _____ le _____
Remonté sur le site _____ le _____
Remonté sur le site _____ le _____
Remonté sur le site _____ le _____
Remonté sur le site _____ le _____
Panneaux posés le _____ Retirés le _____
Présenté aux collègues le _____
Visite du bien en équipe le _____
Portes ouvertes le _____
Photos changées le _____ , le _____
le _____ , le _____

Flyers distribués le _____ secteur _____
Flyers distribués le _____ secteur _____
Porte à porte fait le _____ secteur _____
Porte à porte fait le _____ secteur _____
Affiche distribuée chez les commerçants : _____

AUTRES ACTIONS DE PROMOTION

LES AVENANTS

Mandat initial au prix de _____
Accord pour baisse de prix à _____
    à compter du _____
    Avenant le _____ Montant _____
Accord pour baisse de prix à _____
    à compter du _____
    Avenant le _____ Montant _____

COMPTES-RENDUS FAITS AU VENDEUR

Date _____ Période prise en compte _____
Nb de vues sur les sites de promotion : _____
Mails reçus _____ Appels reçus _____ SMS reçus _____
Visites faites _____ Nb de propotions d'achat _____
Montant des propositions : _____ _____

Suite aux visites, points essentiels

Points forts _____
Points faibles _____
Propositions d'amélioration en vue de la vente :

Mandat n° _____

Date _____ Période prise en compte _____
Nb de vues sur les sites de promotion : _____
Mails reçus _____ Appels reçus _____ SMS reçus _____
Visites faites _____ Nb de propotions d'achat _____
Montant des propositions : _____ _____

Suite aux visites, points essentiels

Points forts _____
Points faibles _____
Propositions d'amélioration en vue de la vente :
_____
_____

Date _____ Période prise en compte _____
Nb de vues sur les sites de promotion : _____
Mails reçus _____ Appels reçus _____ SMS reçus _____
Visites faites _____ Nb de propotions d'achat _____
Montant des propositions : _____ _____

Suite aux visites, points essentiels

Points forts _____
Points faibles _____
Propositions d'amélioration en vue de la vente :
_____
_____

Date _____ Période prise en compte _____
Nb de vues sur les sites de promotion : _____
Mails reçus _____ Appels reçus _____ SMS reçus _____
Visites faites _____ Nb de propotions d'achat _____
Montant des propositions : _____ _____

Suite aux visites, points essentiels

Points forts _____
Points faibles _____
Propositions d'amélioration en vue de la vente :
_____
_____

Aide aux visites

Bien destiné à : _____

Donner le rendez-vous en vue de la visite à côté de :
pour une famille :
- ☐ école maternelle à ____ m
- ☐ école primaire à ____ m
- ☐ collège à ____ m
- ☐ lycée à ____ m
- ☐ université à ____ m
- ☐ terrain de sport (stade, terrain de foot, rugby, tennis, piscine, autre : _____) à ____ m
- ☐ plage à ____ m
- ☐ parc à ____ m
- ☐ sentier de randonnée à ____ m
- ☐ autre : _____

pour un étudiant :
- université à ____ m

pour tous :
- **Moyens de transport**
  - arrêt de bus / tram / métro à ____ m
  - gare à ____ m
  - autre : _____
- **Commerces**
  - boulangerie à ____ m   épicerie à ____ m
  - boucherie à ____ m   coiffeur ____ m
  - banque à ____ m (banque : _____)
  - grande surface à ____ m
  - autre : _____
  - _____

Travaux à envisager : _____
- Devis reçus : _____

Nom du Vendeur : _____   **Mandat n°** _____

Mandat simple ☐   semi-exclusif ☐   exclusif ☐

Bien en vente depuis _____

ESTIMATIONS

1ère estimation du _____ Montant : _____
2ème estimation du _____ Montant : _____

ESTIMATIONS FAITES PAR LES CONCURRENTS

Agence _____ Montant : _____
Agence _____ Montant : _____
Agence _____ Montant : _____
Notaire _____ Montant : _____

MONTANT QUE LE VENDEUR EST PRÊT À ACCEPTER

Date _____ Montant : _____
Date _____ Montant : _____

LA PROMOTION

Mandat saisi le _____ Montant : _____
En publicité le _____
Remonté sur le site _____ le _____
Remonté sur le site _____ le _____
Remonté sur le site _____ le _____
Remonté sur le site _____ le _____
Remonté sur le site _____ le _____
Panneaux posés le _____ Retirés le _____
Présenté aux collègues le _____
Visite du bien en équipe le _____
Portes ouvertes le _____
Photos changées le _____ , le _____
le _____ , le _____

Flyers distribués le _____ secteur _____
Flyers distribués le _____ secteur _____
Porte à porte fait le _____ secteur _____
Porte à porte fait le _____ secteur _____
Affiche distribuée chez les commerçants : _____

AUTRES ACTIONS DE PROMOTION

LES AVENANTS

Mandat initial au prix de _____
Accord pour baisse de prix à _____
    à compter du _____
    Avenant le _____ Montant _____
Accord pour baisse de prix à _____
    à compter du _____
    Avenant le _____ Montant _____

COMPTES-RENDUS FAITS AU VENDEUR

Date _____ Période prise en compte _____
Nb de vues sur les sites dc promotion : _____
Mails reçus _____ Appels reçus _____ SMS reçus _____
Visites faites _____ Nb de propotions d'achat _____
Montant des propositions : _____

Suite aux visites, points essentiels

Points forts _____
Points faibles _____
Propositions d'amélioration en vue de la vente :
_____
_____

Mandat n° _____

Date _____ Période prise en compte _____
Nb de vues sur les sites de promotion : _____
Mails reçus _____ Appels reçus _____ SMS reçus _____
Visites faites _____ Nb de propotions d'achat _____
Montant des propositions : _____ _____

Suite aux visites, points essentiels

Points forts _____
Points faibles _____
Propositions d'amélioration en vue de la vente :
_____
_____

Date _____ Période prise en compte _____
Nb de vues sur les sites de promotion : _____
Mails reçus _____ Appels reçus _____ SMS reçus _____
Visites faites _____ Nb de propotions d'achat _____
Montant des propositions : _____ _____

Suite aux visites, points essentiels

Points forts _____
Points faibles _____
Propositions d'amélioration en vue de la vente :
_____
_____

Date _____ Période prise en compte _____
Nb de vues sur les sites de promotion : _____
Mails reçus _____ Appels reçus _____ SMS reçus _____
Visites faites _____ Nb de propotions d'achat _____
Montant des propositions : _____ _____

Suite aux visites, points essentiels

Points forts _____
Points faibles _____
Propositions d'amélioration en vue de la vente :
_____
_____

Aide aux visites

Bien destiné à : _____

Donner le rendez-vous en vue de la visite à côté de :
pour une famille :
- ☐ école maternelle à ___ m
- ☐ école primaire à ___ m
- ☐ collège à ___ m
- ☐ lycée à ___ m
- ☐ université à ___ m
- ☐ terrain de sport (stade, terrain de foot, rugby, tennis, piscine, autre : ___) à ___ m
- ☐ plage à ___ m
- ☐ parc à ___ m
- ☐ sentier de randonnée à ___ m
- ☐ autre : _____

pour un étudiant :
- université à ___ m

pour tous :
- **Moyens de transport**
  - arrêt de bus / tram / métro à ___ m
  - gare à ___ m
  - autre : _____
- **Commerces**
  - boulangerie à ___ m   épicerie à ___ m
  - boucherie à ___ m   coiffeur ___ m
  - banque à ___ m (banque : _____)
  - grande surface à ___ m
  - autre : _____
  _____

Travaux à envisager : _____
  Devis reçus : _____

Nom du Vendeur : _____   **Mandat n°** _____

Mandat simple ☐   semi-exclusif ☐   exclusif ☐

Bien en vente depuis _____

Estimations

1ère estimation du _____   Montant : _____
2ème estimation du _____   Montant : _____

Estimations faites par les concurrents

Agence _____   Montant : _____
Agence _____   Montant : _____
Agence _____   Montant : _____
Notaire _____   Montant : _____

Montant que le Vendeur est prêt à accepter

Date _____   Montant : _____
Date _____   Montant : _____

La Promotion

Mandat saisi le _____   Montant : _____
En publicité le _____
Remonté sur le site _____   le _____
Remonté sur le site _____   le _____
Remonté sur le site _____   le _____
Remonté sur le site _____   le _____
Remonté sur le site _____   le _____
Panneaux posés le _____   Retirés le _____
Présenté aux collègues le _____
Visite du bien en équipe le _____
Portes ouvertes le _____
Photos changées le _____ , le _____
le _____ , le _____

Flyers distribués le _____ secteur _____
Flyers distribués le _____ secteur _____
Porte à porte fait le _____ secteur _____
Porte à porte fait le _____ secteur _____
Affiche distribuée chez les commerçants : _____

AUTRES ACTIONS DE PROMOTION

LES AVENANTS

Mandat initial au prix de _____
Accord pour baisse de prix à _____
    à compter du _____
    Avenant le _____ Montant _____
Accord pour baisse de prix à _____
    à compter du _____
    Avenant le _____ Montant _____

COMPTES-RENDUS FAITS AU VENDEUR

Date _____ Période prise en compte _____
Nb de vues sur les sites de promotion : _____
Mails reçus _____ Appels reçus _____ SMS reçus _____
Visites faites _____ Nb de propotions d'achat _____
Montant des propositions : _____ _____

Suite aux visites, points essentiels

Points forts _____
Points faibles _____
Propositions d'amélioration en vue de la vente :

Mandat n° _____

Date _____ Période prise en compte _____
Nb de vues sur les sites de promotion : _____
Mails reçus _____ Appels reçus _____ SMS reçus _____
Visites faites _____ Nb de propotions d'achat _____
Montant des propositions : _____ _____

Suite aux visites, points essentiels

Points forts _____
Points faibles _____
Propositions d'amélioration en vue de la vente :
_____
_____

Date _____ Période prise en compte _____
Nb de vues sur les sites de promotion : _____
Mails reçus _____ Appels reçus _____ SMS reçus _____
Visites faites _____ Nb de propotions d'achat _____
Montant des propositions : _____ _____

Suite aux visites, points essentiels

Points forts _____
Points faibles _____
Propositions d'amélioration en vue de la vente :
_____
_____

Date _____ Période prise en compte _____
Nb de vues sur les sites de promotion : _____
Mails reçus _____ Appels reçus _____ SMS reçus _____
Visites faites _____ Nb de propotions d'achat _____
Montant des propositions : _____ _____

Suite aux visites, points essentiels

Points forts _____
Points faibles _____
Propositions d'amélioration en vue de la vente :
_____
_____

Aide aux visites

Bien destiné à : _____

Donner le rendez-vous en vue de la visite à côté de :
pour une famille :
- ☐ école maternelle à ___ m
- ☐ école primaire à ___ m
- ☐ collège à ___ m
- ☐ lycée à ___ m
- ☐ université à ___ m
- ☐ terrain de sport (stade, terrain de foot, rugby, tennis, piscine, autre : _____) à ___ m
- ☐ plage à ___ m
- ☐ parc à ___ m
- ☐ sentier de randonnée à ___ m
- ☐ autre : _____

pour un étudiant :
   université à ___ m

pour tous :
   Moyens de transport
   arrêt de bus / tram / métro à ___ m
   gare à ___ m
   autre : _____

   Commerces
   boulangerie à ___ m   épicerie à ___ m
   boucherie à ___ m   coiffeur ___ m
   banque à ___ m (banque : _____)
   grande surface à ___ m
   autre : _____

Travaux à envisager : _____
   Devis reçus : _____

Nom du Vendeur : _____ **Mandat n°** _____

Mandat simple ☐   semi-exclusif ☐   exclusif ☐

Bien en vente depuis _____

Estimations

1ère estimation du _____ Montant : _____
2ème estimation du _____ Montant : _____

Estimations faites par les concurrents

Agence _____ Montant : _____
Agence _____ Montant : _____
Agence _____ Montant : _____
Notaire _____ Montant : _____

Montant que le Vendeur est prêt à accepter

Date _____ Montant : _____
Date _____ Montant : _____

La Promotion

Mandat saisi le _____ Montant : _____
En publicité le _____
Remonté sur le site _____ le _____
Remonté sur le site _____ le _____
Remonté sur le site _____ le _____
Remonté sur le site _____ le _____
Remonté sur le site _____ le _____
Panneaux posés le _____ Retirés le _____
Présenté aux collègues le _____
Visite du bien en équipe le _____
Portes ouvertes le _____
Photos changées le _____ , le _____
le _____ , le _____

Flyers distribués le _____ secteur _____
Flyers distribués le _____ secteur _____
Porte à porte fait le _____ secteur _____
Porte à porte fait le _____ secteur _____
Affiche distribuée chez les commerçants : _____
_____

Autres actions de promotion

_____
_____

Les avenants

Mandat initial au prix de _____
Accord pour baisse de prix à _____
    à compter du _____
    Avenant le _____ Montant _____
Accord pour baisse de prix à _____
    à compter du _____
    Avenant le _____ Montant _____

Comptes-rendus faits au Vendeur

Date _____ Période prise en compte _____
Nb de vues sur les sites de promotion : _____
Mails reçus _____ Appels reçus _____ SMS reçus _____
Visites faites _____ Nb de propotions d'achat _____
Montant des propositions : _____ _____

Suite aux visites, points essentiels

Points forts _____
Points faibles _____
Propositions d'amélioration en vue de la vente :
_____
_____

Mandat n° _____

Date _____ Période prise en compte _____
Nb de vues sur les sites de promotion : _____
Mails reçus _____ Appels reçus _____ SMS reçus _____
Visites faites _____ Nb de propotions d'achat _____
Montant des propositions : _____ _____

Suite aux visites, points essentiels
Points forts _____
Points faibles _____
Propositions d'amélioration en vue de la vente :
_____
_____

Date _____ Période prise en compte _____
Nb de vues sur les sites de promotion : _____
Mails reçus _____ Appels reçus _____ SMS reçus _____
Visites faites _____ Nb de propotions d'achat _____
Montant des propositions : _____ _____

Suite aux visites, points essentiels
Points forts _____
Points faibles _____
Propositions d'amélioration en vue de la vente :
_____
_____

Date _____ Période prise en compte _____
Nb de vues sur les sites de promotion : _____
Mails reçus _____ Appels reçus _____ SMS reçus _____
Visites faites _____ Nb de propotions d'achat _____
Montant des propositions : _____ _____

Suite aux visites, points essentiels
Points forts _____
Points faibles _____
Propositions d'amélioration en vue de la vente :
_____
_____

Aide aux visites

Bien destiné à : _____

Donner le rendez-vous en vue de la visite à côté de :
pour une famille :
- ☐ école maternelle à ___ m
- ☐ école primaire à ___ m
- ☐ collège à ___ m
- ☐ lycée à ___ m
- ☐ université à ___ m
- ☐ terrain de sport (stade, terrain de foot, rugby, tennis, piscine, autre : _____) à ___ m
- ☐ plage à ___ m
- ☐ parc à ___ m
- ☐ sentier de randonnée à ___ m
- ☐ autre : _____

pour un étudiant :
  université à ___ m

pour tous :
  ### Moyens de transport
  arrêt de bus / tram / métro à ___ m
  gare à ___ m
  autre : _____

  ### Commerces
  boulangerie à ___ m   épicerie à ___ m
  boucherie à ___ m   coiffeur ___ m
  banque à ___ m (banque : _____)
  grande surface à ___ m
  autre : _____

Travaux à envisager : _____
  Devis reçus : _____

Nom du Vendeur : _____ **Mandat n°** _____

Mandat simple ☐   semi-exclusif ☐   exclusif ☐

Bien en vente depuis _____

Estimations

1ère estimation du _____ Montant : _____
2ème estimation du _____ Montant : _____

Estimations faites par les concurrents

Agence _____ Montant : _____
Agence _____ Montant : _____
Agence _____ Montant : _____
Notaire _____ Montant : _____

Montant que le Vendeur est prêt à accepter

Date _____ Montant : _____
Date _____ Montant : _____

La Promotion

Mandat saisi le _____ Montant : _____
En publicité le _____
Remonté sur le site _____ le _____
Remonté sur le site _____ le _____
Remonté sur le site _____ le _____
Remonté sur le site _____ le _____
Remonté sur le site _____ le _____
Panneaux posés le _____ Retirés le _____
Présenté aux collègues le _____
Visite du bien en équipe le _____
Portes ouvertes le _____
Photos changées le _____ , le _____
le _____ , le _____

Flyers distribués le _____ secteur _____
Flyers distribués le _____ secteur _____
Porte à porte fait le _____ secteur _____
Porte à porte fait le _____ secteur _____
Affiche distribuée chez les commerçants : _____

AUTRES ACTIONS DE PROMOTION

LES AVENANTS

Mandat initial au prix de _____
Accord pour baisse de prix à _____
    à compter du _____
    Avenant le _____ Montant _____
Accord pour baisse de prix à _____
    à compter du _____
    Avenant le _____ Montant _____

COMPTES-RENDUS FAITS AU VENDEUR

Date _____ Période prise en compte _____
Nb de vues sur les sites de promotion : _____
Mails reçus _____ Appels reçus _____ SMS reçus _____
Visites faites _____ Nb de propotions d'achat _____
Montant des propositions : _____ _____

Suite aux visites, points essentiels

Points forts _____
Points faibles _____
Propositions d'amélioration en vue de la vente :

Mandat n° _____

Date _____ Période prise en compte _____
Nb de vues sur les sites de promotion : _____
Mails reçus _____ Appels reçus _____ SMS reçus _____
Visites faites _____ Nb de propotions d'achat _____
Montant des propositions : _____ _____

Suite aux visites, points essentiels

Points forts _____
Points faibles _____
Propositions d'amélioration en vue de la vente :
_____
_____

Date _____ Période prise en compte _____
Nb de vues sur les sites de promotion : _____
Mails reçus _____ Appels reçus _____ SMS reçus _____
Visites faites _____ Nb de propotions d'achat _____
Montant des propositions : _____ _____

Suite aux visites, points essentiels

Points forts _____
Points faibles _____
Propositions d'amélioration en vue de la vente :
_____
_____

Date _____ Période prise en compte _____
Nb de vues sur les sites de promotion : _____
Mails reçus _____ Appels reçus _____ SMS reçus _____
Visites faites _____ Nb de propotions d'achat _____
Montant des propositions : _____ _____

Suite aux visites, points essentiels

Points forts _____
Points faibles _____
Propositions d'amélioration en vue de la vente :
_____
_____

Aide aux visites

Bien destiné à : _____

Donner le rendez-vous en vue de la visite à côté de :
pour une famille :
- ☐ école maternelle à ___ m
- ☐ école primaire à ___ m
- ☐ collège à ___ m
- ☐ lycée à ___ m
- ☐ université à ___ m
- ☐ terrain de sport (stade, terrain de foot, rugby, tennis, piscine, autre : _____) à ___ m
- ☐ plage à ___ m
- ☐ parc à ___ m
- ☐ sentier de randonnée à ___ m
- ☐ autre : _____

pour un étudiant :
- université à ___ m

pour tous :
- **Moyens de transport**
  - arrêt de bus / tram / métro à ___ m
  - gare à ___ m
  - autre : _____
- **Commerces**
  - boulangerie à ___ m   épicerie à ___ m
  - boucherie à ___ m   coiffeur ___ m
  - banque à ___ m (banque : _____)
  - grande surface à ___ m
  - autre : _____
  - _____

Travaux à envisager : _____
  Devis reçus : _____

Nom du Vendeur : _____   **Mandat n°** _____

Mandat simple ☐   semi-exclusif ☐   exclusif ☐

Bien en vente depuis _____

Estimations

1ère estimation du _____   Montant : _____
2ème estimation du _____   Montant : _____

Estimations faites par les concurrents

Agence _____   Montant : _____
Agence _____   Montant : _____
Agence _____   Montant : _____
Notaire _____   Montant : _____

Montant que le Vendeur est prêt à accepter

Date _____   Montant : _____
Date _____   Montant : _____

La Promotion

Mandat saisi le _____   Montant : _____
En publicité le _____
Remonté sur le site _____   le _____
Remonté sur le site _____   le _____
Remonté sur le site _____   le _____
Remonté sur le site _____   le _____
Remonté sur le site _____   le _____
Panneaux posés le _____   Retirés le _____
Présenté aux collègues le _____
Visite du bien en équipe le _____
Portes ouvertes le _____
Photos changées le _____ , le _____
le _____ , le _____

Flyers distribués le _____ secteur _____
Flyers distribués le _____ secteur _____
Porte à porte fait le _____ secteur _____
Porte à porte fait le _____ secteur _____
Affiche distribuée chez les commerçants : _____

Autres actions de promotion

Les avenants

Mandat initial au prix de _____
Accord pour baisse de prix à _____
    à compter du _____
        Avenant le _____ Montant _____
Accord pour baisse de prix à _____
    à compter du _____
        Avenant le _____ Montant _____

Comptes-rendus faits au Vendeur

Date _____ Période prise en compte _____
Nb de vues sur les sites de promotion : _____
Mails reçus _____ Appels reçus _____ SMS reçus _____
Visites faites _____ Nb de propotions d'achat _____
Montant des propositions : _____ _____

Suite aux visites, points essentiels

Points forts _____
Points faibles _____
Propositions d'amélioration en vue de la vente :

Mandat n° _____

Date _____ Période prise en compte _____
Nb de vues sur les sites de promotion : _____
Mails reçus _____ Appels reçus _____ SMS reçus _____
Visites faites _____ Nb de propotions d'achat _____
Montant des propositions : _____ _____

Suite aux visites, points essentiels

Points forts _____
Points faibles _____
Propositions d'amélioration en vue de la vente :
_____
_____

Date _____ Période prise en compte _____
Nb de vues sur les sites de promotion : _____
Mails reçus _____ Appels reçus _____ SMS reçus _____
Visites faites _____ Nb de propotions d'achat _____
Montant des propositions : _____ _____

Suite aux visites, points essentiels

Points forts _____
Points faibles _____
Propositions d'amélioration en vue de la vente :
_____
_____

Date _____ Période prise en compte _____
Nb de vues sur les sites de promotion : _____
Mails reçus _____ Appels reçus _____ SMS reçus _____
Visites faites _____ Nb de propotions d'achat _____
Montant des propositions : _____ _____

Suite aux visites, points essentiels

Points forts _____
Points faibles _____
Propositions d'amélioration en vue de la vente :
_____
_____

Aide aux visites

Bien destiné à : _____

Donner le rendez-vous en vue de la visite à côté de :
pour une famille :
- ☐ école maternelle à ____ m
- ☐ école primaire à ____ m
- ☐ collège à ____ m
- ☐ lycée à ____ m
- ☐ université à ____ m
- ☐ terrain de sport (stade, terrain de foot, rugby, tennis, piscine, autre : _____) à ____ m
- ☐ plage à ____ m
- ☐ parc à ____ m
- ☐ sentier de randonnée à ____ m
- ☐ autre : _____

pour un étudiant :
- université à ____ m

pour tous :
- **Moyens de transport**
  - arrêt de bus / tram / métro à ____ m
  - gare à ____ m
  - autre : _____
- **Commerces**
  - boulangerie à ____ m   épicerie à ____ m
  - boucherie à ____ m   coiffeur ____ m
  - banque à ____ m (banque : _____)
  - grande surface à ____ m
  - autre : _____
  - _____

Travaux à envisager : _____
  Devis reçus : _____

Nom du Vendeur : _____ **Mandat n°** _____

Mandat simple ☐   semi-exclusif ☐   exclusif ☐

Bien en vente depuis _____

Estimations

1ère estimation du _____ Montant : _____
2ème estimation du _____ Montant : _____

Estimations faites par les concurrents

Agence _____ Montant : _____
Agence _____ Montant : _____
Agence _____ Montant : _____
Notaire _____ Montant : _____

Montant que le Vendeur est prêt à accepter

Date _____ Montant : _____
Date _____ Montant : _____

La Promotion

Mandat saisi le _____ Montant : _____
En publicité le _____
Remonté sur le site _____ le _____
Remonté sur le site _____ le _____
Remonté sur le site _____ le _____
Remonté sur le site _____ le _____
Remonté sur le site _____ le _____
Panneaux posés le _____ Retirés le _____
Présenté aux collègues le _____
Visite du bien en équipe le _____
Portes ouvertes le _____
Photos changées le _____ , le _____
le _____ , le _____

Flyers distribués le _____ secteur _____
Flyers distribués le _____ secteur _____
Porte à porte fait le _____ secteur _____
Porte à porte fait le _____ secteur _____
Affiche distribuée chez les commerçants : _____

Autres actions de promotion

Les avenants

Mandat initial au prix de _____
Accord pour baisse de prix à _____
    à compter du _____
    Avenant le _____ Montant _____
Accord pour baisse de prix à _____
    à compter du _____
    Avenant le _____ Montant _____

Comptes-rendus faits au Vendeur

Date _____ Période prise en compte _____
Nb de vues sur les sites de promotion : _____
Mails reçus _____ Appels reçus _____ SMS reçus _____
Visites faites _____ Nb de propotions d'achat _____
Montant des propositions : _____ _____

Suite aux visites, points essentiels

Points forts _____
Points faibles _____
Propositions d'amélioration en vue de la vente :

Mandat n° _____

Date _____ Période prise en compte _____
Nb de vues sur les sites de promotion : _____
Mails reçus _____ Appels reçus _____ SMS reçus _____
Visites faites _____ Nb de propotions d'achat _____
Montant des propositions : _____ _____

Suite aux visites, points essentiels

Points forts _____
Points faibles _____
Propositions d'amélioration en vue de la vente :
_____
_____

Date _____ Période prise en compte _____
Nb de vues sur les sites de promotion : _____
Mails reçus _____ Appels reçus _____ SMS reçus _____
Visites faites _____ Nb de propotions d'achat _____
Montant des propositions : _____ _____

Suite aux visites, points essentiels

Points forts _____
Points faibles _____
Propositions d'amélioration en vue de la vente :
_____
_____

Date _____ Période prise en compte _____
Nb de vues sur les sites de promotion : _____
Mails reçus _____ Appels reçus _____ SMS reçus _____
Visites faites _____ Nb de propotions d'achat _____
Montant des propositions : _____ _____

Suite aux visites, points essentiels

Points forts _____
Points faibles _____
Propositions d'amélioration en vue de la vente :
_____
_____

Aide aux visites

Bien destiné à : _____

Donner le rendez-vous en vue de la visite à côté de :
pour une famille :
- ☐ école maternelle à ____ m
- ☐ école primaire à ____ m
- ☐ collège à ____ m
- ☐ lycée à ____ m
- ☐ université à ____ m
- ☐ terrain de sport (stade, terrain de foot, rugby, tennis, piscine, autre : _____) à ____ m
- ☐ plage à ____ m
- ☐ parc à ____ m
- ☐ sentier de randonnée à ____ m
- ☐ autre : _____

pour un étudiant :
- université à ____ m

pour tous :
- **Moyens de transport**
  - arrêt de bus / tram / métro à ____ m
  - gare à ____ m
  - autre : _____
- **Commerces**
  - boulangerie à ____ m   épicerie à ____ m
  - boucherie à ____ m   coiffeur ____ m
  - banque à ____ m (banque : _____)
  - grande surface à ____ m
  - autre : _____
  _____

Travaux à envisager : _____
- Devis reçus : _____

Nom du Vendeur : _____ **Mandat n°** _____

Mandat simple ☐   semi-exclusif ☐   exclusif ☐

Bien en vente depuis _____

Estimations

1ère estimation du _____ Montant : _____
2ème estimation du _____ Montant : _____

Estimations faites par les concurrents

Agence _____ Montant : _____
Agence _____ Montant : _____
Agence _____ Montant : _____
Notaire _____ Montant : _____

Montant que le Vendeur est prêt à accepter

Date _____ Montant : _____
Date _____ Montant : _____

La Promotion

Mandat saisi le _____ Montant : _____
En publicité le _____
Remonté sur le site _____ le _____
Remonté sur le site _____ le _____
Remonté sur le site _____ le _____
Remonté sur le site _____ le _____
Remonté sur le site _____ le _____
Panneaux posés le _____ Retirés le _____
Présenté aux collègues le _____
Visite du bien en équipe le _____
Portes ouvertes le _____
Photos changées le _____ , le _____
le _____ , le _____

Flyers distribués le _____ secteur _____
Flyers distribués le _____ secteur _____
Porte à porte fait le _____ secteur _____
Porte à porte fait le _____ secteur _____
Affiche distribuée chez les commerçants : _____

AUTRES ACTIONS DE PROMOTION

LES AVENANTS

Mandat initial au prix de _____
Accord pour baisse de prix à _____
    à compter du _____
    Avenant le _____ Montant _____
Accord pour baisse de prix à _____
    à compter du _____
    Avenant le _____ Montant _____

COMPTES-RENDUS FAITS AU VENDEUR

Date _____ Période prise en compte _____
Nb de vues sur les sitcs de promotion : _____
Mails reçus _____ Appels reçus _____ SMS reçus _____
Visites faites _____ Nb de propotions d'achat _____
Montant des propositions : _____ _____

Suite aux visites, points essentiels

Points forts _____
Points faibles _____
Propositions d'amélioration en vue de la vente :

Mandat n° _____

Date _____ Période prise en compte _____
Nb de vues sur les sites de promotion : _____
Mails reçus _____ Appels reçus _____ SMS reçus _____
Visites faites _____ Nb de propotions d'achat _____
Montant des propositions : _____

Suite aux visites, points essentiels

Points forts _____
Points faibles _____
Propositions d'amélioration en vue de la vente :
_____
_____

Date _____ Période prise en compte _____
Nb de vues sur les sites de promotion : _____
Mails reçus _____ Appels reçus _____ SMS reçus _____
Visites faites _____ Nb de propotions d'achat _____
Montant des propositions : _____

Suite aux visites, points essentiels

Points forts _____
Points faibles _____
Propositions d'amélioration en vue de la vente :
_____
_____

Date _____ Période prise en compte _____
Nb de vues sur les sites de promotion : _____
Mails reçus _____ Appels reçus _____ SMS reçus _____
Visites faites _____ Nb de propotions d'achat _____
Montant des propositions : _____

Suite aux visites, points essentiels

Points forts _____
Points faibles _____
Propositions d'amélioration en vue de la vente :
_____
_____

Aide aux visites

Bien destiné à :_____

Donner le rendez-vous en vue de la visite à côté de :
pour une famille :
- ☐ école maternelle à ____ m
- ☐ école primaire à ____ m
- ☐ collège à ____ m
- ☐ lycée à ____ m
- ☐ université à ____ m
- ☐ terrain de sport (stade, terrain de foot, rugby, tennis, piscine, autre : _____) à ____ m
- ☐ plage à ____ m
- ☐ parc à ____ m
- ☐ sentier de randonnée à ____ m
- ☐ autre : _____

pour un étudiant :
- université à ____ m

pour tous :

Moyens de transport
- arrêt de bus / tram / métro à ____ m
- gare à ____ m
- autre : _____

Commerces
- boulangerie à ____ m   épicerie à ____ m
- boucherie à ____ m   coiffeur ____ m
- banque à ____ m (banque : _____)
- grande surface à ____ m
- autre : _____

Travaux à envisager : _____
    Devis reçus : _____

Nom du Vendeur : _____ **Mandat n°** _____

Mandat simple ☐   semi-exclusif ☐   exclusif ☐

Bien en vente depuis _____

ESTIMATIONS

1ère estimation du _____ Montant : _____
2ème estimation du _____ Montant : _____

ESTIMATIONS FAITES PAR LES CONCURRENTS

Agence _____ Montant : _____
Agence _____ Montant : _____
Agence _____ Montant : _____
Notaire _____ Montant : _____

MONTANT QUE LE VENDEUR EST PRÊT À ACCEPTER

Date _____ Montant : _____
Date _____ Montant : _____

LA PROMOTION

Mandat saisi le _____ Montant : _____
En publicité le _____
Remonté sur le site _____ le _____
Remonté sur le site _____ le _____
Remonté sur le site _____ le _____
Remonté sur le site _____ le _____
Remonté sur le site _____ le _____
Panneaux posés le _____ Retirés le _____
Présenté aux collègues le _____
Visite du bien en équipe le _____
Portes ouvertes le _____
Photos changées le _____ , le _____
le _____ , le _____

Flyers distribués le _____ secteur _____
Flyers distribués le _____ secteur _____
Porte à porte fait le _____ secteur _____
Porte à porte fait le _____ secteur _____
Affiche distribuée chez les commerçants : _____

AUTRES ACTIONS DE PROMOTION

LES AVENANTS

Mandat initial au prix de _____
Accord pour baisse de prix à _____
    à compter du _____
    Avenant le _____ Montant _____
Accord pour baisse de prix à _____
    à compter du _____
    Avenant le _____ Montant _____

COMPTES-RENDUS FAITS AU VENDEUR

Date _____ Période prise en compte _____
Nb de vues sur les sites de promotion : _____
Mails reçus _____ Appels reçus _____ SMS reçus _____
Visites faites _____ Nb de propotions d'achat _____
Montant des propositions : _____

Suite aux visites, points essentiels

Points forts _____
Points faibles _____
Propositions d'amélioration en vue de la vente :

Mandat n° _____

Date _____ Période prise en compte _____
Nb de vues sur les sites de promotion : _____
Mails reçus _____ Appels reçus _____ SMS reçus _____
Visites faites _____ Nb de propotions d'achat _____
Montant des propositions : _____ _____

Suite aux visites, points essentiels

Points forts _____
Points faibles _____
Propositions d'amélioration en vue de la vente :
_____
_____

Date _____ Période prise en compte _____
Nb de vues sur les sites de promotion : _____
Mails reçus _____ Appels reçus _____ SMS reçus _____
Visites faites _____ Nb de propotions d'achat _____
Montant des propositions : _____ _____

Suite aux visites, points essentiels

Points forts _____
Points faibles _____
Propositions d'amélioration en vue de la vente :
_____
_____

Date _____ Période prise en compte _____
Nb de vues sur les sites de promotion : _____
Mails reçus _____ Appels reçus _____ SMS reçus _____
Visites faites _____ Nb de propotions d'achat _____
Montant des propositions : _____ _____

Suite aux visites, points essentiels

Points forts _____
Points faibles _____
Propositions d'amélioration en vue de la vente :
_____
_____

Aide aux visites

Bien destiné à : _____

Donner le rendez-vous en vue de la visite à côté de :
pour une famille :
- ☐ école maternelle à ____ m
- ☐ école primaire à ____ m
- ☐ collège à ____ m
- ☐ lycée à ____ m
- ☐ université à ____ m
- ☐ terrain de sport (stade, terrain de foot, rugby, tennis, piscine, autre : _____) à ____ m
- ☐ plage à ____ m
- ☐ parc à ____ m
- ☐ sentier de randonnée à ____ m
- ☐ autre : _____

pour un étudiant :
- université à ____ m

pour tous :
- **Moyens de transport**
  - arrêt de bus / tram / métro à ____ m
  - gare à ____ m
  - autre : _____
- **Commerces**
  - boulangerie à ____ m   épicerie à ____ m
  - boucherie à ____ m   coiffeur ____ m
  - banque à ____ m (banque : _____)
  - grande surface à ____ m
  - autre : _____

_____

Travaux à envisager : _____
  Devis reçus : _____

Nom du Vendeur : _____   Mandat n° _____

Mandat simple ☐   semi-exclusif ☐   exclusif ☐

Bien en vente depuis _____

Estimations

1ère estimation du _____   Montant : _____
2ème estimation du _____   Montant : _____

Estimations faites par les concurrents

Agence _____   Montant : _____
Agence _____   Montant : _____
Agence _____   Montant : _____
Notaire _____   Montant : _____

Montant que le Vendeur est prêt à accepter

Date _____   Montant : _____
Date _____   Montant : _____

La Promotion

Mandat saisi le _____   Montant : _____
En publicité le _____
Remonté sur le site _____ le _____
Remonté sur le site _____ le _____
Remonté sur le site _____ le _____
Remonté sur le site _____ le _____
Remonté sur le site _____ le _____
Panneaux posés le _____   Retirés le _____
Présenté aux collègues le _____
Visite du bien en équipe le _____
Portes ouvertes le _____
Photos changées le _____ , le _____
le _____ , le _____

Flyers distribués le _____ secteur _____
Flyers distribués le _____ secteur _____
Porte à porte fait le _____ secteur _____
Porte à porte fait le _____ secteur _____
Affiche distribuée chez les commerçants : _____

AUTRES ACTIONS DE PROMOTION

LES AVENANTS

Mandat initial au prix de _____
Accord pour baisse de prix à _____
  à compter du _____
  Avenant le _____ Montant _____
Accord pour baisse de prix à _____
  à compter du _____
  Avenant le _____ Montant _____

COMPTES-RENDUS FAITS AU VENDEUR

Date _____ Période prise en compte _____
Nb de vues sur les sites de promotion : _____
Mails reçus _____ Appels reçus _____ SMS reçus _____
Visites faites _____ Nb de propotions d'achat _____
Montant des propositions : _____

Suite aux visites, points essentiels

Points forts _____
Points faibles _____
Propositions d'amélioration en vue de la vente :

Mandat n° _____

Date _____ Période prise en compte _____
Nb de vues sur les sites de promotion : _____
Mails reçus _____ Appels reçus _____ SMS reçus _____
Visites faites _____ Nb de propotions d'achat _____
Montant des propositions : _____ _____

Suite aux visites, points essentiels

Points forts _____
Points faibles _____
Propositions d'amélioration en vue de la vente :
_____
_____

Date _____ Période prise en compte _____
Nb de vues sur les sites de promotion : _____
Mails reçus _____ Appels reçus _____ SMS reçus _____
Visites faites _____ Nb de propotions d'achat _____
Montant des propositions : _____ _____

Suite aux visites, points essentiels

Points forts _____
Points faibles _____
Propositions d'amélioration en vue de la vente :
_____
_____

Date _____ Période prise en compte _____
Nb de vues sur les sites de promotion : _____
Mails reçus _____ Appels reçus _____ SMS reçus _____
Visites faites _____ Nb de propotions d'achat _____
Montant des propositions : _____ _____

Suite aux visites, points essentiels

Points forts _____
Points faibles _____
Propositions d'amélioration en vue de la vente :
_____
_____

Aide aux visites

Bien destiné à : _____

Donner le rendez-vous en vue de la visite à côté de :
pour une famille :
- ☐ école maternelle à ___ m
- ☐ école primaire à ___ m
- ☐ collège à ___ m
- ☐ lycée à ___ m
- ☐ université à ___ m
- ☐ terrain de sport (stade, terrain de foot, rugby, tennis, piscine, autre : _____) à ___ m
- ☐ plage à ___ m
- ☐ parc à ___ m
- ☐ sentier de randonnée à ___ m
- ☐ autre : _____

pour un étudiant :
- université à ___ m

pour tous :
Moyens de transport
arrêt de bus / tram / métro à ___ m
gare à ___ m
autre : _____

Commerces
boulangerie à ___ m   épicerie à ___ m
boucherie à ___ m   coiffeur ___ m
banque à ___ m (banque : _____)
grande surface à ___ m
autre : _____
_____

Travaux à envisager : _____
Devis reçus : _____

Nom du Vendeur : _____   **Mandat n°** _____

Mandat simple ☐   semi-exclusif ☐   exclusif ☐

Bien en vente depuis _____

Estimations

1ère estimation du _____   Montant : _____
2ème estimation du _____   Montant : _____

Estimations faites par les concurrents

Agence _____   Montant : _____
Agence _____   Montant : _____
Agence _____   Montant : _____
Notaire _____   Montant : _____

Montant que le Vendeur est prêt à accepter

Date _____   Montant : _____
Date _____   Montant : _____

La Promotion

Mandat saisi le _____   Montant : _____
En publicité le _____
Remonté sur le site _____ le _____
Remonté sur le site _____ le _____
Remonté sur le site _____ le _____
Remonté sur le site _____ le _____
Remonté sur le site _____ le _____
Panneaux posés le _____ Retirés le _____
Présenté aux collègues le _____
Visite du bien en équipe le _____
Portes ouvertes le _____
Photos changées le _____ , le _____
le _____ , le _____

Flyers distribués le _____ secteur _____
Flyers distribués le _____ secteur _____
Porte à porte fait le _____ secteur _____
Porte à porte fait le _____ secteur _____
Affiche distribuée chez les commerçants : _____
_____

AUTRES ACTIONS DE PROMOTION

_____
_____

LES AVENANTS

Mandat initial au prix de _____
Accord pour baisse de prix à _____
    à compter du _____
    Avenant le _____ Montant _____
Accord pour baisse de prix à _____
    à compter du _____
    Avenant le _____ Montant _____

COMPTES-RENDUS FAITS AU VENDEUR

Date _____ Période prise en compte _____
Nb de vues sur les sites de promotion : _____
Mails reçus _____ Appels reçus _____ SMS reçus _____
Visites faites _____ Nb de propotions d'achat _____
Montant des propositions : _____ _____

Suite aux visites, points essentiels

Points forts _____
Points faibles _____
Propositions d'amélioration en vue de la vente :
_____
_____

Mandat n° _____

Date _____ Période prise en compte _____
Nb de vues sur les sites de promotion : _____
Mails reçus _____ Appels reçus _____ SMS reçus _____
Visites faites _____ Nb de propotions d'achat _____
Montant des propositions : _____ _____

Suite aux visites, points essentiels

Points forts _____
Points faibles _____
Propositions d'amélioration en vue de la vente :
_____
_____

Date _____ Période prise en compte _____
Nb de vues sur les sites de promotion : _____
Mails reçus _____ Appels reçus _____ SMS reçus _____
Visites faites _____ Nb de propotions d'achat _____
Montant des propositions : _____ _____

Suite aux visites, points essentiels

Points forts _____
Points faibles _____
Propositions d'amélioration en vue de la vente :
_____
_____

Date _____ Période prise en compte _____
Nb de vues sur les sites de promotion : _____
Mails reçus _____ Appels reçus _____ SMS reçus _____
Visites faites _____ Nb de propotions d'achat _____
Montant des propositions : _____ _____

Suite aux visites, points essentiels

Points forts _____
Points faibles _____
Propositions d'amélioration en vue de la vente :
_____
_____

Aide aux visites

Bien destiné à : _____

Donner le rendez-vous en vue de la visite à côté de :
pour une famille :
- ☐ école maternelle à ___ m
- ☐ école primaire à ___ m
- ☐ collège à ___ m
- ☐ lycée à ___ m
- ☐ université à ___ m
- ☐ terrain de sport (stade, terrain de foot, rugby, tennis, piscine, autre : _____) à ___ m
- ☐ plage à ___ m
- ☐ parc à ___ m
- ☐ sentier de randonnée à ___ m
- ☐ autre : _____

pour un étudiant :
- université à ___ m

pour tous :
- **Moyens de transport**
  - arrêt de bus / tram / métro à ___ m
  - gare à ___ m
  - autre : _____
- **Commerces**
  - boulangerie à ___ m épicerie à ___ m
  - boucherie à ___ m coiffeur ___ m
  - banque à ___ m (banque : _____)
  - grande surface à ___ m
  - autre : _____

Travaux à envisager : _____
  Devis reçus : _____

Nom du Vendeur : _____ **Mandat n°** _____

Mandat simple ☐   semi-exclusif ☐   exclusif ☐

Bien en vente depuis _____

Estimations

1ère estimation du _____ Montant : _____
2ème estimation du _____ Montant : _____

Estimations faites par les concurrents

Agence _____ Montant : _____
Agence _____ Montant : _____
Agence _____ Montant : _____
Notaire _____ Montant : _____

Montant que le Vendeur est prêt à accepter

Date _____ Montant : _____
Date _____ Montant : _____

La Promotion

Mandat saisi le _____ Montant : _____
En publicité le _____
Remonté sur le site _____ le _____
Remonté sur le site _____ le _____
Remonté sur le site _____ le _____
Remonté sur le site _____ le _____
Remonté sur le site _____ le _____
Panneaux posés le _____ Retirés le _____
Présenté aux collègues le _____
Visite du bien en équipe le _____
Portes ouvertes le _____
Photos changées le _____ , le _____
le _____ , le _____

Flyers distribués le _____ secteur _____
Flyers distribués le _____ secteur _____
Porte à porte fait le _____ secteur _____
Porte à porte fait le _____ secteur _____
Affiche distribuée chez les commerçants : _____

AUTRES ACTIONS DE PROMOTION

LES AVENANTS

Mandat initial au prix de _____
Accord pour baisse de prix à _____
    à compter du _____
    Avenant le _____ Montant _____
Accord pour baisse de prix à _____
    à compter du _____
    Avenant le _____ Montant _____

COMPTES-RENDUS FAITS AU VENDEUR

Date _____ Période prise en compte _____
Nb de vues sur les sites de promotion : _____
Mails reçus _____ Appels reçus _____ SMS reçus _____
Visites faites _____ Nb de propotions d'achat _____
Montant des propositions : _____ _____

Suite aux visites, points essentiels

Points forts _____
Points faibles _____
Propositions d'amélioration en vue de la vente :

Mandat n° _____

Date _____ Période prise en compte _____
Nb de vues sur les sites de promotion : _____
Mails reçus _____ Appels reçus _____ SMS reçus _____
Visites faites _____ Nb de propotions d'achat _____
Montant des propositions : _____ _____

Suite aux visites, points essentiels

Points forts _____
Points faibles _____
Propositions d'amélioration en vue de la vente :
_____
_____

Date _____ Période prise en compte _____
Nb de vues sur les sites de promotion : _____
Mails reçus _____ Appels reçus _____ SMS reçus _____
Visites faites _____ Nb de propotions d'achat _____
Montant des propositions : _____ _____

Suite aux visites, points essentiels

Points forts _____
Points faibles _____
Propositions d'amélioration en vue de la vente :
_____
_____

Date _____ Période prise en compte _____
Nb de vues sur les sites de promotion : _____
Mails reçus _____ Appels reçus _____ SMS reçus _____
Visites faites _____ Nb de propotions d'achat _____
Montant des propositions : _____ _____

Suite aux visites, points essentiels

Points forts _____
Points faibles _____
Propositions d'amélioration en vue de la vente :
_____
_____

Aide aux visites

Bien destiné à : _____

Donner le rendez-vous en vue de la visite à côté de :
pour une famille :
- ☐ école maternelle à ___ m
- ☐ école primaire à ___ m
- ☐ collège à ___ m
- ☐ lycée à ___ m
- ☐ université à ___ m
- ☐ terrain de sport (stade, terrain de foot, rugby, tennis, piscine, autre : _____) à ___ m
- ☐ plage à ___ m
- ☐ parc à ___ m
- ☐ sentier de randonnée à ___ m
- ☐ autre : _____

pour un étudiant :
- université à ___ m

pour tous :
- **Moyens de transport**
  - arrêt de bus / tram / métro à ___ m
  - gare à ___ m
  - autre : _____
- **Commerces**
  - boulangerie à ___ m   épicerie à ___ m
  - boucherie à ___ m   coiffeur ___ m
  - banque à ___ m (banque : _____)
  - grande surface à ___ m
  - autre : _____

Travaux à envisager : _____
  Devis reçus : _____

Nom du Vendeur : _____   **Mandat n°** _____

Mandat simple ☐   semi-exclusif ☐   exclusif ☐

Bien en vente depuis _____

Estimations

1ère estimation du _____ Montant : _____
2ème estimation du _____ Montant : _____

Estimations faites par les concurrents

Agence _____ Montant : _____
Agence _____ Montant : _____
Agence _____ Montant : _____
Notaire _____ Montant : _____

Montant que le Vendeur est prêt à accepter

Date _____ Montant : _____
Date _____ Montant : _____

La Promotion

Mandat saisi le _____ Montant : _____
En publicité le _____
Remonté sur le site _____ le _____
Remonté sur le site _____ le _____
Remonté sur le site _____ le _____
Remonté sur le site _____ le _____
Remonté sur le site _____ le _____
Panneaux posés le _____ Retirés le _____
Présenté aux collègues le _____
Visite du bien en équipe le _____
Portes ouvertes le _____
Photos changées le _____ , le _____
le _____ , le _____

Flyers distribués le _____ secteur _____
Flyers distribués le _____ secteur _____
Porte à porte fait le _____ secteur _____
Porte à porte fait le _____ secteur _____
Affiche distribuée chez les commerçants : _____

AUTRES ACTIONS DE PROMOTION

_____
_____

LES AVENANTS

Mandat initial au prix de _____
Accord pour baisse de prix à _____
    à compter du _____
    Avenant le _____ Montant _____
Accord pour baisse de prix à _____
    à compter du _____
    Avenant le _____ Montant _____

COMPTES-RENDUS FAITS AU VENDEUR

Date _____ Période prise en compte _____
Nb de vues sur les sites de promotion : _____
Mails reçus _____ Appels reçus _____ SMS reçus _____
Visites faites _____ Nb de propotions d'achat _____
Montant des propositions : _____ _____

Suite aux visites, points essentiels

Points forts _____
Points faibles _____
Propositions d'amélioration en vue de la vente :
_____
_____

Mandat n° _____

Date _____ Période prise en compte _____
Nb de vues sur les sites de promotion : _____
Mails reçus _____ Appels reçus _____ SMS reçus _____
Visites faites _____ Nb de propotions d'achat _____
Montant des propositions : _____ _____

Suite aux visites, points essentiels

Points forts _____
Points faibles _____
Propositions d'amélioration en vue de la vente :
_____
_____

Date _____ Période prise en compte _____
Nb de vues sur les sites de promotion : _____
Mails reçus _____ Appels reçus _____ SMS reçus _____
Visites faites _____ Nb de propotions d'achat _____
Montant des propositions : _____ _____

Suite aux visites, points essentiels

Points forts _____
Points faibles _____
Propositions d'amélioration en vue de la vente :
_____
_____

Date _____ Période prise en compte _____
Nb de vues sur les sites de promotion : _____
Mails reçus _____ Appels reçus _____ SMS reçus _____
Visites faites _____ Nb de propotions d'achat _____
Montant des propositions : _____ _____

Suite aux visites, points essentiels

Points forts _____
Points faibles _____
Propositions d'amélioration en vue de la vente :
_____
_____

Aide aux visites

Bien destiné à : _____

Donner le rendez-vous en vue de la visite à côté de :
pour une famille :
- ☐ école maternelle à ____ m
- ☐ école primaire à ____ m
- ☐ collège à ____ m
- ☐ lycée à ____ m
- ☐ université à ____ m
- ☐ terrain de sport (stade, terrain de foot, rugby, tennis, piscine, autre : _____) à ____ m
- ☐ plage à ____ m
- ☐ parc à ____ m
- ☐ sentier de randonnée à ____ m
- ☐ autre : _____

pour un étudiant :
    université à ____ m

pour tous :
    Moyens de transport
        arrêt de bus / tram / métro à ____ m
        gare à ____ m
        autre : _____

    Commerces
        boulangerie à ____ m   épicerie à ____ m
        boucherie à ____ m   coiffeur ____ m
        banque à ____ m (banque : _____)
        grande surface à ____ m
        autre : _____
        _____

Travaux à envisager : _____
    Devis reçus : _____

Nom du Vendeur : _____   Mandat n° _____

Mandat simple ☐   semi-exclusif ☐   exclusif ☐

Bien en vente depuis _____

Estimations

1ère estimation du _____ Montant : _____
2ème estimation du _____ Montant : _____

Estimations faites par les concurrents

Agence _____ Montant : _____
Agence _____ Montant : _____
Agence _____ Montant : _____
Notaire _____ Montant : _____

Montant que le Vendeur est prêt à accepter

Date _____ Montant : _____
Date _____ Montant : _____

La Promotion

Mandat saisi le _____ Montant : _____
En publicité le _____
Remonté sur le site _____ le _____
Remonté sur le site _____ le _____
Remonté sur le site _____ le _____
Remonté sur le site _____ le _____
Remonté sur le site _____ le _____
Panneaux posés le _____ Retirés le _____
Présenté aux collègues le _____
Visite du bien en équipe le _____
Portes ouvertes le _____
Photos changées le _____ , le _____
le _____ , le _____

Flyers distribués le _____ secteur _____
Flyers distribués le _____ secteur _____
Porte à porte fait le _____ secteur _____
Porte à porte fait le _____ secteur _____
Affiche distribuée chez les commerçants : _____

AUTRES ACTIONS DE PROMOTION

LES AVENANTS

Mandat initial au prix de _____
Accord pour baisse de prix à _____
    à compter du _____
    Avenant le _____ Montant _____
Accord pour baisse de prix à _____
    à compter du _____
    Avenant le _____ Montant _____

COMPTES-RENDUS FAITS AU VENDEUR

Date _____ Période prise en compte _____
Nb de vues sur les sites de promotion : _____
Mails reçus _____ Appels reçus _____ SMS reçus _____
Visites faites _____ Nb de propotions d'achat _____
Montant des propositions : _____ _____

Suite aux visites, points essentiels

Points forts _____
Points faibles _____
Propositions d'amélioration en vue de la vente :

Mandat n° _____

Date _____ Période prise en compte _____
Nb de vues sur les sites de promotion : _____
Mails reçus _____ Appels reçus _____ SMS reçus _____
Visites faites _____ Nb de propotions d'achat _____
Montant des propositions : _____ _____

Suite aux visites, points essentiels

Points forts _____
Points faibles _____
Propositions d'amélioration en vue de la vente :
_____
_____

Date _____ Période prise en compte _____
Nb de vues sur les sites de promotion : _____
Mails reçus _____ Appels reçus _____ SMS reçus _____
Visites faites _____ Nb de propotions d'achat _____
Montant des propositions : _____ _____

Suite aux visites, points essentiels

Points forts _____
Points faibles _____
Propositions d'amélioration en vue de la vente :
_____
_____

Date _____ Période prise en compte _____
Nb de vues sur les sites de promotion : _____
Mails reçus _____ Appels reçus _____ SMS reçus _____
Visites faites _____ Nb de propotions d'achat _____
Montant des propositions : _____ _____

Suite aux visites, points essentiels

Points forts _____
Points faibles _____
Propositions d'amélioration en vue de la vente :
_____
_____

Aide aux visites

Bien destiné à : _____

Donner le rendez-vous en vue de la visite à côté de :
pour une famille :
- ☐ école maternelle à ____ m
- ☐ école primaire à ____ m
- ☐ collège à ____ m
- ☐ lycée à ____ m
- ☐ université à ____ m
- ☐ terrain de sport (stade, terrain de foot, rugby, tennis, piscine, autre : _____) à ____ m
- ☐ plage à ____ m
- ☐ parc à ____ m
- ☐ sentier de randonnée à ____ m
- ☐ autre : _____

pour un étudiant :
    université à ____ m

pour tous :
Moyens de transport
    arrêt de bus / tram / métro à ____ m
    gare à ____ m
    autre : _____

Commerces
    boulangerie à ____ m   épicerie à ____ m
    boucherie à ____ m   coiffeur ____ m
    banque à ____ m (banque : _____)
    grande surface à ____ m
    autre : _____

_____

Travaux à envisager : _____
    Devis reçus : _____

Nom du Vendeur : _____ **Mandat n°** _____

Mandat simple ☐   semi-exclusif ☐   exclusif ☐

Bien en vente depuis _____

ESTIMATIONS

1ère estimation du _____ Montant : _____
2ème estimation du _____ Montant : _____

ESTIMATIONS FAITES PAR LES CONCURRENTS

Agence _____ Montant : _____
Agence _____ Montant : _____
Agence _____ Montant : _____
Notaire _____ Montant : _____

MONTANT QUE LE VENDEUR EST PRÊT À ACCEPTER

Date _____ Montant : _____
Date _____ Montant : _____

LA PROMOTION

Mandat saisi le _____ Montant : _____
En publicité le _____
Remonté sur le site _____ le _____
Remonté sur le site _____ le _____
Remonté sur le site _____ le _____
Remonté sur le site _____ le _____
Remonté sur le site _____ le _____
Panneaux posés le _____ Retirés le _____
Présenté aux collègues le _____
Visite du bien en équipe le _____
Portes ouvertes le _____
Photos changées le _____ , le _____
le _____ , le _____

Flyers distribués le _____ secteur _____
Flyers distribués le _____ secteur _____
Porte à porte fait le _____ secteur _____
Porte à porte fait le _____ secteur _____
Affiche distribuée chez les commerçants : _____

AUTRES ACTIONS DE PROMOTION

LES AVENANTS

Mandat initial au prix de _____
Accord pour baisse de prix à _____
    à compter du _____
    Avenant le _____ Montant _____
Accord pour baisse de prix à _____
    à compter du _____
    Avenant le _____ Montant _____

COMPTES-RENDUS FAITS AU VENDEUR

Date _____ Période prise en compte _____
Nb de vues sur les sites de promotion : _____
Mails reçus _____ Appels reçus _____ SMS reçus _____
Visites faites _____ Nb de propotions d'achat _____
Montant des propositions : _____

Suite aux visites, points essentiels

Points forts _____
Points faibles _____
Propositions d'amélioration en vue de la vente :
_____

Mandat n° _____

Date _____ Période prise en compte _____
Nb de vues sur les sites de promotion : _____
Mails reçus _____ Appels reçus _____ SMS reçus _____
Visites faites _____ Nb de propotions d'achat _____
Montant des propositions : _____ _____

Suite aux visites, points essentiels

Points forts _____
Points faibles _____
Propositions d'amélioration en vue de la vente :
_____
_____

Date _____ Période prise en compte _____
Nb de vues sur les sites de promotion : _____
Mails reçus _____ Appels reçus _____ SMS reçus _____
Visites faites _____ Nb de propotions d'achat _____
Montant des propositions : _____ _____

Suite aux visites, points essentiels

Points forts _____
Points faibles _____
Propositions d'amélioration en vue de la vente :
_____
_____

Date _____ Période prise en compte _____
Nb de vues sur les sites de promotion : _____
Mails reçus _____ Appels reçus _____ SMS reçus _____
Visites faites _____ Nb de propotions d'achat _____
Montant des propositions : _____ _____

Suite aux visites, points essentiels

Points forts _____
Points faibles _____
Propositions d'amélioration en vue de la vente :
_____
_____

Aide aux visites

Bien destiné à : _____

Donner le rendez-vous en vue de la visite à côté de :
pour une famille :
- ☐ école maternelle à ____ m
- ☐ école primaire à ____ m
- ☐ collège à ____ m
- ☐ lycée à ____ m
- ☐ université à ____ m
- ☐ terrain de sport (stade, terrain de foot, rugby, tennis, piscine, autre : _____) à ____ m
- ☐ plage à ____ m
- ☐ parc à ____ m
- ☐ sentier de randonnée à ____ m
- ☐ autre : _____

pour un étudiant :
    université à ____ m

pour tous :

    Moyens de transport
        arrêt de bus / tram / métro à ____ m
        gare à ____ m
        autre : _____

    Commerces
        boulangerie à ____ m   épicerie à ____ m
        boucherie à ____ m   coiffeur ____ m
        banque à ____ m (banque : _____)
        grande surface à ____ m
        autre : _____

Travaux à envisager : _____
    Devis reçus : _____

Nom du Vendeur : _____   **Mandat n°** _____

Mandat simple ☐   semi-exclusif ☐   exclusif ☐

Bien en vente depuis _____

ESTIMATIONS

1ère estimation du _____ Montant : _____
2ème estimation du _____ Montant : _____

ESTIMATIONS FAITES PAR LES CONCURRENTS

Agence _____ Montant : _____
Agence _____ Montant : _____
Agence _____ Montant : _____
Notaire _____ Montant : _____

MONTANT QUE LE VENDEUR EST PRÊT À ACCEPTER

Date _____ Montant : _____
Date _____ Montant : _____

LA PROMOTION

Mandat saisi le _____ Montant : _____
En publicité le _____
Remonté sur le site _____ le _____
Remonté sur le site _____ le _____
Remonté sur le site _____ le _____
Remonté sur le site _____ le _____
Remonté sur le site _____ le _____
Panneaux posés le _____ Retirés le _____
Présenté aux collègues le _____
Visite du bien en équipe le _____
Portes ouvertes le _____
Photos changées le _____ , le _____
le _____ , le _____

Flyers distribués le _____ secteur _____
Flyers distribués le _____ secteur _____
Porte à porte fait le _____ secteur _____
Porte à porte fait le _____ secteur _____
Affiche distribuée chez les commerçants : _____

AUTRES ACTIONS DE PROMOTION

LES AVENANTS

Mandat initial au prix de _____
Accord pour baisse de prix à _____
    à compter du _____
    Avenant le _____ Montant _____
Accord pour baisse de prix à _____
    à compter du _____
    Avenant le _____ Montant _____

COMPTES-RENDUS FAITS AU VENDEUR

Date _____ Période prise en compte _____
Nb de vues sur les sites de promotion : _____
Mails reçus _____ Appels reçus _____ SMS reçus _____
Visites faites _____ Nb de propotions d'achat _____
Montant des propositions : _____

Suite aux visites, points essentiels

Points forts _____
Points faibles _____
Propositions d'amélioration en vue de la vente :

Mandat n° _____

Date _____ Période prise en compte _____
Nb de vues sur les sites de promotion : _____
Mails reçus _____ Appels reçus _____ SMS reçus _____
Visites faites _____ Nb de propotions d'achat _____
Montant des propositions : _____

Suite aux visites, points essentiels

Points forts _____
Points faibles _____
Propositions d'amélioration en vue de la vente :
_____
_____

Date _____ Période prise en compte _____
Nb de vues sur les sites de promotion : _____
Mails reçus _____ Appels reçus _____ SMS reçus _____
Visites faites _____ Nb de propotions d'achat _____
Montant des propositions : _____

Suite aux visites, points essentiels

Points forts _____
Points faibles _____
Propositions d'amélioration en vue de la vente :
_____
_____

Date _____ Période prise en compte _____
Nb de vues sur les sites de promotion : _____
Mails reçus _____ Appels reçus _____ SMS reçus _____
Visites faites _____ Nb de propotions d'achat _____
Montant des propositions : _____

Suite aux visites, points essentiels

Points forts _____
Points faibles _____
Propositions d'amélioration en vue de la vente :
_____
_____

Aide aux visites

Bien destiné à : _____

Donner le rendez-vous en vue de la visite à côté de :
pour une famille :
- ☐ école maternelle à ____ m
- ☐ école primaire à ____ m
- ☐ collège à ____ m
- ☐ lycée à ____ m
- ☐ université à ____ m
- ☐ terrain de sport (stade, terrain de foot, rugby, tennis, piscine, autre : _____) à ____ m
- ☐ plage à ____ m
- ☐ parc à ____ m
- ☐ sentier de randonnée à ____ m
- ☐ autre : _____

pour un étudiant :
- université à ____ m

pour tous :
- **Moyens de transport**
  - arrêt de bus / tram / métro à ____ m
  - gare à ____ m
  - autre : _____
- **Commerces**
  - boulangerie à ____ m   épicerie à ____ m
  - boucherie à ____ m   coiffeur ____ m
  - banque à ____ m (banque : _____)
  - grande surface à ____ m
  - autre : _____

_____

Travaux à envisager : _____
   Devis reçus : _____

Nom du Vendeur : _____   **Mandat n°** _____

Mandat simple ☐   semi-exclusif ☐   exclusif ☐

Bien en vente depuis _____

Estimations

1ère estimation du _____ Montant : _____
2ème estimation du _____ Montant : _____

Estimations faites par les concurrents

Agence _____ Montant : _____
Agence _____ Montant : _____
Agence _____ Montant : _____
Notaire _____ Montant : _____

Montant que le Vendeur est prêt à accepter

Date _____ Montant : _____
Date _____ Montant : _____

La Promotion

Mandat saisi le _____ Montant : _____
En publicité le _____
Remonté sur le site _____ le _____
Remonté sur le site _____ le _____
Remonté sur le site _____ le _____
Remonté sur le site _____ le _____
Remonté sur le site _____ le _____
Panneaux posés le _____ Retirés le _____
Présenté aux collègues le _____
Visite du bien en équipe le _____
Portes ouvertes le _____
Photos changées le _____ , le _____
le _____ , le _____

Flyers distribués le _____ secteur _____
Flyers distribués le _____ secteur _____
Porte à porte fait le _____ secteur _____
Porte à porte fait le _____ secteur _____
Affiche distribuée chez les commerçants : _____

Autres actions de promotion

Les avenants

Mandat initial au prix de _____
Accord pour baisse de prix à _____
    à compter du _____
    Avenant le _____ Montant _____
Accord pour baisse de prix à _____
    à compter du _____
    Avenant le _____ Montant _____

Comptes-rendus faits au Vendeur

Date _____ Période prise en compte _____
Nb de vues sur les sites de promotion : _____
Mails reçus _____ Appels reçus _____ SMS reçus _____
Visites faites _____ Nb de propotions d'achat _____
Montant des propositions : _____ _____

Suite aux visites, points essentiels

Points forts _____
Points faibles _____
Propositions d'amélioration en vue de la vente :

Mandat n° _____

Date _____ Période prise en compte _____
Nb de vues sur les sites de promotion : _____
Mails reçus _____ Appels reçus _____ SMS reçus _____
Visites faites _____ Nb de propotions d'achat _____
Montant des propositions : _____ _____

Suite aux visites, points essentiels

Points forts _____
Points faibles _____
Propositions d'amélioration en vue de la vente :
_____
_____

Date _____ Période prise en compte _____
Nb de vues sur les sites de promotion : _____
Mails reçus _____ Appels reçus _____ SMS reçus _____
Visites faites _____ Nb de propotions d'achat _____
Montant des propositions : _____ _____

Suite aux visites, points essentiels

Points forts _____
Points faibles _____
Propositions d'amélioration en vue de la vente :
_____
_____

Date _____ Période prise en compte _____
Nb de vues sur les sites de promotion : _____
Mails reçus _____ Appels reçus _____ SMS reçus _____
Visites faites _____ Nb de propotions d'achat _____
Montant des propositions : _____ _____

Suite aux visites, points essentiels

Points forts _____
Points faibles _____
Propositions d'amélioration en vue de la vente :
_____
_____

Aide aux visites

Bien destiné à : _____

Donner le rendez-vous en vue de la visite à côté de :
pour une famille :
- ☐ école maternelle à ____ m
- ☐ école primaire à ____ m
- ☐ collège à ____ m
- ☐ lycée à ____ m
- ☐ université à ____ m
- ☐ terrain de sport (stade, terrain de foot, rugby, tennis, piscine, autre : _____) à ____ m
- ☐ plage à ____ m
- ☐ parc à ____ m
- ☐ sentier de randonnée à ____ m
- ☐ autre : _____

pour un étudiant :
    université à ____ m

pour tous :
    Moyens de transport
        arrêt de bus / tram / métro à ____ m
        gare à ____ m
        autre : _____

    Commerces
        boulangerie à ____ m   épicerie à ____ m
        boucherie à ____ m   coiffeur ____ m
        banque à ____ m (banque : _____)
        grande surface à ____ m
        autre : _____

Travaux à envisager : _____
    Devis reçus : _____

© Fabien MSICA / Collection MLM Héros
Edition :
BoD - Books on Demand
12/14 rond-point des Champs Elysées, 75008 Paris
Impression :
BoD - Books on Demand GmbH, Norderstedt, Allemagne
ISBN : 9782322144945
Dépôt légal : Juin 2018